日语语言文化与翻译研究

郝玉良　苏芳源 ◎ 著

图书在版编目（CIP）数据

日语语言文化与翻译研究 / 郝玉良，苏芳源著 . --
北京：中国书籍出版社，2024.2
ISBN 978-7-5068-9803-4

Ⅰ . ①日… Ⅱ . ①郝… ②苏… Ⅲ . ①日语—文化语言学—研究②日语—翻译—研究 Ⅳ . ① H36

中国国家版本馆 CIP 数据核字 (2024) 第 044590 号

日语语言文化与翻译研究

郝玉良　苏芳源　著

图书策划	成晓春	
责任编辑	李国永	
封面设计	博健文化	
责任印制	孙马飞　马　芝	
出版发行	中国书籍出版社	
地　　址	北京市丰台区三路居路 97 号（邮编：100073）	
电　　话	（010）52257143（总编室）（010）52257140（发行部）	
电子邮箱	eo@chinabp.com.cn	
经　　销	全国新华书店	
印　　刷	天津和萱印刷有限公司	
开　　本	710 毫米 ×1000 毫米　1/16	
字　　数	220 千字	
印　　张	12.25	
版　　次	2024 年 5 月第 1 版	
印　　次	2024 年 5 月第 1 次印刷	
书　　号	ISBN 978-7-5068-9803-4	
定　　价	76.00 元	

版权所有　翻印必究

前 言

语言是文化的重要组成部分，是民族文化的标志，它通常以某一民族的语言来展现。语言间的区别不仅在于其形式、构造、表达方式，也反映了其文化特点。

从功能的角度来看，翻译是一种将两种语言联系在一起的媒介，通过它，一种语言能够理解另一种语言。语言是承载一个民族的历史传统、人文风情、宗教信仰和行为意识等特质的重要因素。因此，在翻译过程中不仅要格外重视将不认识的语言转换成我们熟悉的语言，而且更要准确传递其中包含的文化内涵，以使读者能够深入了解对方的民族特点。

民族语言的演变，取决于其自然和人文环境的影响。这种语言在特定历史发展中形成，其内在文化反映了民族的品质、心理特点和历史文化传统。

在跨文化交流中，语言虽然是一个重要的交流工具，但有时候单纯的语言表达并不能完美地传递出原本的交流情景和意义，因此需要深入探索语言的文化内涵。一个民族的文化涉及其观念、价值观、思想方式等因素。每个民族所使用的语言都是在这种文化背景下形成和发展的。因此，为了有效地传递信息和促进文化交流，翻译必须深入了解目标语言文化的宏观背景，并运用这种文化意识去进行语言翻译。只有这样才能真正达到语言间的沟通和互动。

本书第一章主要对日语语言文化进行简单概述，以期读者能够有一个基础的认识，内容包括文化概论、语言概论、日语文字与语言学。本书第二章主要介绍日语语言文化的特征与外来语，内容包括：日语语言文化的特征、日语外来语与日语语言文化的特点、日语语言中的社会文化特征。第三章主要对日语翻译与文化形态进行简单的叙述，依次是翻译的得体性与准确性、翻译的意识形态、语言翻译以及文化翻译。第四章主要是中日语言对比，分别介绍了中日词汇现象对比与翻译、中日语言修辞、语用对比与翻译、敬语与"位相"语三个方面内容。第五章主要对日语的翻译方法进行介绍，以为读者进行翻译工作提供有效的工具手段。内容包括词汇的翻译方法、句子的翻译方法、篇章的翻译方法。第六章为日语翻译中的加译技巧，主要阐述结构性加译技巧、逻辑性加译技巧、说明性加译技巧、修饰性加译技巧。第七章为日语翻译中的影响因素，主要阐述现场口译的影响因素、词汇在日语翻译中的影响、语法在日语翻译中的影响。

  在撰写本书的过程中，作者参考了大量的学术文献，得到了许多专家学者的帮助，在此表示真诚感谢。本书内容系统全面，论述条理清晰、深入浅出，但由于作者水平有限，书中难免有疏漏之处，希望广大同行及时指正。

郝玉良　苏芳源

2023 年 6 月

目 录

第一章 日语语言文化概论 ... 1
  第一节 文化概论 ... 1
  第二节 语言概论 ... 24
  第三节 日语文字与语言学 ... 31

第二章 日语语言文化的特征与外来语 ... 45
  第一节 日语语言文化的特征 ... 45
  第二节 日语外来语与日语语言文化的特点 ... 49
  第三节 日语语言中的社会文化特征 ... 58

第三章 日语翻译与文化形态 ... 64
  第一节 翻译的得体性与准确性 ... 64
  第二节 翻译的意识形态 ... 66
  第三节 语言翻译以及文化翻译 ... 70

第四章 中日语言对比与翻译 ... 79
  第一节 中日词汇现象对比与翻译 ... 79
  第二节 中日修辞、语用对比与翻译 ... 96
  第三节 敬语与"位相"语 ... 110

第五章　日语翻译方法探究……115
第一节　词汇的翻译方法……115
第二节　句子的翻译方法……135
第三节　篇章的翻译方法……152

第六章　日语翻译中的加译技巧……157
第一节　结构性加译技巧……157
第二节　逻辑性加译技巧……163
第三节　说明性加译技巧……166
第四节　修饰性加译技巧……167

第七章　日语翻译中的影响因素……170
第一节　现场口译的影响因素……170
第二节　词汇在日语翻译中的影响……174
第三节　语法在日语翻译中的影响……181

参考文献……189

第一章　日语语言文化概论

本章主要对日语语言文化进行一个简单的概述，以期读者能够有一个基础的认识，依次从文化概论、语言概论、日语文字与语言学三个方面内容进行介绍。

第一节　文化概论

一、文化的界定

（一）对于文化的理解

《辞海》将"文化"分为广义文化和狭义文化。具体定义是：广义文化指人类社会历史实践过程中所创造的物质财富和精神财富的总和。狭义文化指社会的意识形态，以及与之相适应的制度和组织机构；有时也特指教育、科学、文学、艺术等方面的精神财富。①

《现代汉语词典》将文化定义为人类社会历史发展过程中所创造的物质财富和精神财富的总和，特指精神财富，如文学、艺术、教育、科学等；指运用文字的能力及一般知识。②

"文化"一词在汉语中古已有之。

在古汉语中，"文"与"纹"相通，其本义是指各色交错的纹理。《易·系辞下》载："物相杂，故曰文。"《礼记·乐记》称："五色成文而不乱。"③《说文解字》称："文，错画也，象交文。"④均指此义。由此原始之义衍生，"文"又有若干层引申义：其一，包括语言文字在内的各种象征符号，并进而具体化为文物典籍和礼乐制度。

---

① 辞海编辑委员会. 辞海[M]. 上海：上海辞书出版社，2001.
② 中国社会科学院语言研究所词典编辑室. 现代汉语词典[M]. 北京：商务印书馆，1996.
③ [西汉]戴圣. 礼记[M]. 沈阳：万卷出版有限责任公司，2019.
④ [汉]许慎. 说文解字[M]. 上海：上海古籍出版社，2021.

《尚书·序》所载"造书契""由是文籍生焉";《论语·子罕》所载孔子说"文王既没,文不在兹乎",就是其实例。其二,由伦理之说导出人为装饰、教化修养之义,与"质""实"对称。《论语·雍也》称"质胜文则野,文胜质则史,文质彬彬,然后君子"①。其三,在前两层意义之上,更导出美、善、德行之义,以及通过某种改变使之更完善的意思。郑玄注《礼记》曰:"文犹美也,善也。"②《论语·公冶长》记载:子贡问曰:"孔文子何以谓之'文'也?子曰:敏而好学,不耻下问,是以谓之'文'也。"③孔子所说的"文"其实是指德行的修炼过程。可见,"文"字从一开始,便与今日的"文化"一词有着不解之缘。

"化"字本义指变化、改动、生成。如《庄子·逍遥游》:"化而为鸟,其名曰鹏。"④《易·系辞下》:"男女构精,万物化生。"⑤在此原始义的基础上,"化"又引申为造化、大化等义,并由自然万物的生成、变易引申出伦理德行的化成。"化"作为使动用法,还有"使之普及"的意思,比如绿化、美化等。

"文"与"化"并用,在中国古代典籍中最早出现于《周易·贲卦》:"观乎天文,以察时变;观乎人文,以化成天下。"⑥在这里,"天文"与"人文"相对,天文是指天道自然,人文是指社会人伦。上面这段话的意思是:治理国家者既要观察天文,掌握自然发展规律,以明耕种渔猎之时序;又要观察人文,把握社会中的人伦秩序,使天下之人均能遵从文明礼仪,并进而推及天下,以成大化。由以上可以看出,"文""化"从其最初的联用起,便具有了明确的文明教化之义。

西汉以后,"文"与"化"合并为一个词。如西汉刘向《说苑·指武》:"圣人之治天下也,先文德而后武力,凡武之兴,为不服也,文化不改,然后加诛。"⑦这里"文"和"诛"是两种根本不同的治理社会手段。这段话的意思是:圣人治理天下,先施以文德教化,如不奏效,再施加武力,亦即先礼后兵的意思。此后,"文化"的用法延至后世,进一步引申出多种义项,分别与天造地设的"自然"相对,或与无教化的"质朴""野蛮"相对,取其人伦、人文之义。

---

① [春秋] 孔子. 论语 [M]. 沈阳:万卷出版社,2016.
② [西汉] 戴圣. 礼记 [M]. 沈阳:万卷出版有限责任公司,2019.
③ [春秋] 孔子. 论语 [M]. 沈阳:万卷出版社,2016.
④ [战国] 庄子. 庄子 [M]. 武汉:长江文艺出版社,2020.
⑤ 刘君祖. 详解易经系辞传 [M]. 上海:上海三联书店,2015.,2020.
⑥ [商] 姬昌. 周易 [M]. 长沙:岳麓书社,2000.
⑦ 方勇. 说苑 [M]. 北京:商务印书馆,2018.

根据上述分析，可以看出，"文""化"两字联用包括两种含义，一是用作名词，指的是人类精神、智慧、意识及其创造的成果之总称；二是用作动词，是一种过程，指以"文""化"之，是指使用一定的方法将文明礼仪普及教化。

在西方文化中，culture（文化）一词最早源于拉丁文 cultura。cultura 在这里含有两层含义，首先，这个词汇可以涵盖许多与物质生活相关的意义，如种植、开垦、训练等；其次是有敬神等与人的精神生活相关的含义。英语和法语中的 culture 也源自拉丁语，culture 在这里同样具有两层含义，既有种植、栽培之意，也有对人的性情的陶冶及品德的培养之意。

英国人类学家爱德华·泰勒（Edward Taylor）在其著作《原始文化》中指出，"所谓文化或文明，是包括知识、信仰、艺术、道德、法律、习俗以及包括作为社会成员的个人而获得的其他任何能力、习惯在内的一种综合体"。[1]这一定义一直都被认为是最具权威性的定义，对学术界产生过重大影响，但这一文化定义并不包含物质文化，更侧重精神文化。

人类学者、社会语言学家古迪纳夫（Goodenough）将文化定义为："人们为了使自己的活动方式被社会成员所接受，所必须知晓和相信的一切组成。作为人们不得不学习的一种有别于天生遗传的东西，文化必须由学习的终端产品—知识组成。"[2]

美国学者戴维·波普诺（David Popenoe）对文化做了比较全面的定义，他认为文化应由三个因素构成："符号意义和价值观——这些都用来解释现实和确定好坏、正误标准；规范准则——对在一个特定的社会中人们怎样思维、感觉和行动的解释；物质文化——实际的和人造的物体，它反映了非物质的文化意义。"[3]这一定义与中国《辞海》中"文化"的定义是相一致的。

波特和萨莫瓦认为，"文化是一个大的人群在许多代中通过个人和集体的努力所获得的知识、经验、信念、价值、态度、角色、空间关系、宇宙观念的积淀，以及他们获得物质的东西和所有物。文化表现于语言的模式以及活动和行为的样

---

[1] [英]爱德华·泰勒；连树声译.原始文化（重译本）[M].桂林：广西师范大学出版社，2005.
[2] 陈忠华，韩晓玲.语言学与文化人类学的边缘化及其交迭领域[M].北京：外语教学与研究出版社，2007.
[3] [美]戴维·波普诺.社会学（第11版）[M].北京：中国人民大学出版社，2007.

式,这些模式和样式是人们适应性行动和交际方式的样板,它使得人们得以在处于特定的技术发展阶段、特定的时间、特定的地理环境的社会里生活"。[1]

从上述不同定义可以看出,文化是历史的积淀和结晶,是人类经过社会实践创造出来并持有的精神财富和物质财富。同时,经过上述定义了解到,可以将其分为两种:狭义文化只包括精神层面的文化,而广义文化则包括了精神和物质层面的文化元素的综合。

如果仔细分析,不难发现,"Culture"与中国古代"文化"一词的内涵比较接近。中国传统的"文化"一开始就只关注精神方面,专指精神领域的各种现象,而西方语言中的"Culture"却起源于人类的物质生产活动,并扩展到精神领域。它包括物质与精神两方面的内容。从这个意义上来讲,"Culture"的内蕴比"文化"更为宽广。

实际上,"文化"这个词是近代欧洲人创建的,是一个涵义深刻、内容广泛的多维理念。19世纪下半叶,西方人类学、社会学、文化学等多种学科渐次兴起,这些新学科均以文化为研究的主要题材。从那时起,许多学者给"文化"下过多种定义。现在看来,人们对文化的理解有三个层次。

第一个层次,认为文化指人类创造的一切物质财富和精神财富的总和,凡是整个人类环境中由人所创造的那些方面全都属于文化范畴,既包括物质财富,又包括精神财富。这种对文化的理解是基于人类与一般动物,人类社会与自然界的本质区别而言的。美国人类学家穆勒来埃尔认为,"文化是包括知识、能力、习惯、生活以及物质上与精神上的种种进步与成绩。换句话说,就是人类所有的努力与结果"。[2] 中国近代学者梁漱溟认为:"文化,就是吾人生活所依靠之一切……文化之本义应在经济、政治,乃至一切无所不包。"[3] 中国20世纪70年代出版的《辞海》,把"文化"界定为"人类历史发展过程中所创造的全部物质财富与精神财富",就是持以上这种文化观。按照这种解释,文化的涵盖面非常广泛,所以,又被称作"大文化"或"广义文化"。

第二个层次,认为文化指人类精神文化方面的创造及其成果,包括语言、文学、艺术及一切意识形态在内的精神财富,而不包括物质生产及其器物性、实体

---

[1] [美]萨莫瓦,波特.跨文化交际读本(第十版)[M].上海:上海外语教育出版社,2007.
[2] 史新阳,张建平.中西文化比较概论[M].西安:陕西科学技术出版社,2009.
[3] 刘永,杨志武.社会学简明教程[M].徐州:中国矿业大学出版社,2012.

性成果。英国人类学家泰勒在《原始文化》一书中对文化进行了系统阐释："文化或文明，就其广泛的民族意义来说，乃是包括知识、信仰、艺术、道德、法律、习俗，以及人类在社会里所获得的一切能力和习惯在内的复杂整体。"[1] 中国学者任继愈认为，"文化专指能够代表一个民族特点的精神成果"[2]。

  第三个层次，人们一直沿袭着传统，以及对现实生活中文化的观察和理解，将文化定义为以文学、艺术、戏剧等为主的艺术文化。这些文化形式被认为是人类更高级、更令人愉悦的生活方式，如中国大众所熟知的对中国文化部门所管辖的文化的理解。从文化学的角度分析，这一种理解只是直观地把文化锁定在极狭小的范围内，大大缩小了文化的范围，未能涵盖文化的主要内容。因此，在分析文化的含义时，通常对这一观点忽略不计。可以看出，尽管对文化的论述各有不同，其本意却是基本统一的。文化就是马克思所说的自然的人化，文化是由人所创造、为人所特有的东西，人类在适应自然的过程中，发挥主观能动性，将人的智慧、创造、感情注入了自然，在改造自然的同时也改造了人类自身，从而也就创造了文化成果。一切精神的、意识形态的东西都毫无疑问属于文化，这是直观的文化，是基本的文化方面。而一切物质财富方面的成果，如果具有某种人类智慧的、信仰的含义在里面，也就成为文化的一种载体。把这一切包含在里面的文化是比前面论及的文化更为广泛和全面的文化。纯粹"自然"的东西则不属于文化的范畴。一块天然的大理石，由于它是自然形成的，在形成过程中并没有包含人的思想意识，所以它开始并不属于文化的范畴。只是人们在欣赏它的过程中，赋予了它很多人为的意识，包括迷信古玉能辟邪、美玉能给人一种心理享受等，这样，它才有了文化的价值。一块几十万年甚至数百万年前的石器，非常粗糙和丑陋，但是它是在人类的早期——旧石器时代打制的，带有那个时期的人类意识，就具备了文化的内涵，这就应该属于文化的范畴。一块泥巴，属于自然的一部分，当经过人们烧制成为一个陶器时，便具备了文化意蕴。因为人们在制作陶器的过程中，已注入了人的审美价值取向，体现了人的劳动技能水平，所以，最终的劳动成果——陶器，就具备了"文化"的内涵。总之，文化实际指人类自身在发展过程中，一切精神的、思想的（这里主要指科学技术）、意识形态的活动所创造的全部精神的和物质的结晶。

---

[1] 邹妹丽.跨文化代际语篇系统研究[M].北京：光明日报出版社，2013.
[2] 颜吾芟.中国历史文化概论[M].北京：北方交通大学出版社，2002.

(二)文化的本质

事实上,文化的实质是精神创作。通过劳动,人类将沉淀在精神生产中的科技知识、价值观念等转化为物质或非物质的形式,这才是文化的真正意义所在。因此,文化不仅限于常规所述的精神层面。无论是故宫、长城、圆明园,还是花草盆栽,它们都是集内涵和物质于一身的产物,体现了精神的创作力。这些物质形式的对象中沉积着人的种种观念,如科学观念、审美观念、民族观念、宗教观念、国家观念等。至于各种社会意识形态,即各种精神文化,诸如科学、哲学、艺术、宗教、风俗、习惯等非物质形式的对象,更是人类精神创造的产品。

(三)广义上的文化结构

广义上的文化结构,一般分为物质文化、制度文化、知识文化和心理文化四个层次。其中,物质文化处于底层,是整个文化结构的基础;制度文化处于中层或中介层面;知识文化和心理文化统称为精神文化,处于文化结构的上层,它是人类精神生产和精神活动的产物。

1. 物质文化

物质文化又称物态文化,它主要体现在人类在物质生产领域中认识、掌握、改造世界的创造力量和发展程度。人们为了获得衣、食、住、行等所需的物质资料,必须在一定的生产关系中创造和使用生产工具,进行生产劳动,改变劳动对象,以创造物质财富,从而创造人类的物质文化。物质生产活动所创造的生产工具和物质财富都有着人的思想意识、智力活动的参与,使得物质生产的成果科技化、社会化和时代化。比如,庙宇、陶瓷、电脑、通信卫星等物质财富所隐含的科技成就和发展水平体现为物质文化。此外,精神生产活动所创造的精神产品大都具有一定的物质形式,使得有些精神产品对象化和物质化,诸如图书、报刊、油画、雕塑、盆景等物化形式的精神产品。由于物质文化属于看得见、摸得着的那一部分文化,所以有时也被称为硬文化。

2. 制度文化

制度文化是人们在社会实践时所创建的自我行为规范和相互调节的原则,包括政治制度、经济体制、法律体系、礼仪规范、家庭模式、社团组织等。制度文化既适应物质文化的物质生产关系,也适应精神文化的精神生产关系,处于文化结构的中介层面，所以有时也被称为中性文化。

3. 知识文化

知识文化又称观念文化，它是相对有组织和稳定的文化，代表了一套显式的概念体系（例如：语言文字），包括科学、哲学、艺术、宗教等。其中艺术可分为语言艺术（诗歌、散文、小说、戏剧艺术等）、造型艺术（书法、绘画、雕塑、工艺美术等）、表演艺术（音乐、舞蹈、曲艺、戏剧等）和综合艺术（电影、电视剧）。我们在日常生活中谈论的文化水平、文化程度、文化素质等，实际上指的就是这一部分文化，即掌握知识文化的程度。比如，学文化就是读书识字的意思。由于知识文化是以相对稳定的形态出现在人们的面前，因而能够在不同国家、民族之间相互传播和交流。

4. 心理文化

心理文化又称心态文化，它是指潜藏在人们风俗、习惯中的各种心理定式，包括行为模式、思维方式、审美情趣、价值标准等。观念文化具有相对独立性，并可借助各种典籍而存在；心理文化则不能离开人的主体而存在。一个民族几代人，乃至几十代人长期积淀而成的风俗和习惯，往往不易被其他民族理解和接受。比如，外国人容易吸收中国鞭炮的制作技术和娱乐方式，但是很难理解中华民族利用鞭炮驱鬼避邪的文化心理。所以，人们通常将知识文化视为表层文化，而心理文化则被视为深层文化，是文化的核心和精华部分。心理文化与观念文化既有区别又相互联系，往往是先有各种各样的心理，才有各种各样系统的知识，而特定知识总是特定心理的归纳与概括。知识文化和心理文化统称为精神文化，有时也称为软文化。精神文化的复杂性、多样性，既来源于时间、空间，也来源于不同个体、群体在社会生活中的地位。时间的推移、空间的差异以及人们在社会生活中地位的悬殊，使得人们的观念、心理状况呈现复杂的局面。尽管人类精神世界异彩纷呈，但是人类精神文化的积淀还不够。

（四）文化的要素

文化的要素可谓是包罗万象，饮食、服饰、建筑、文学、音乐、历史、社会制度、风俗习惯、信仰、观念等都属于文化要素。其中有些文化要素与跨文化交际的关系很密切，理解这些文化要素，有助于我们理解文化在跨文化交际中的影响和作用。

吉尔特·霍夫斯泰德（G. Hofstede）与格特·扬·霍夫斯泰德（G. J. Hofstede）则从另外一个角度谈到了文化的要素。他们把文化比喻成一个"洋葱"，包含了以下四个层次。

1. 象征符号（symbols）

象征符号是文化的最外层，包括服装、语言、建筑物等。象征符号是文化中具体且可见的部分。

2. 英雄人物（heroes）

英雄人物是文化的第二层。人们崇拜什么样的英雄是文化观念的体现。中国人以孔子、关羽、周恩来、雷锋等为典范，而美国人以林肯、马丁·路德·金、比尔·盖茨、著名职业篮球运动员等为偶像。了解人们崇拜的英雄所代表的品格，也就在很大程度上理解了一种文化的价值取向。

3. 礼仪（rituals）

礼仪是文化的第三层。礼仪是每种文化对待人和自然的观念的独特表达方式。见面时有人鞠躬，有人握手，有人拥抱，有人亲吻。中国人春节的时候祭祀祖先，放爆竹、贴春联、吃饺子，而西方人圣诞节的时候则去教堂做弥撒，在圣诞树下交换礼物。礼仪是文化习俗的体现。

4. 价值观（values）

价值观是文化的第四层。价值观是文化的核心，价值观是关于什么是好，什么是坏，什么是美，什么是丑的标准。虽然价值观处于文化的最深层，但是它可以通过习俗表现出来（图1-1-1）。

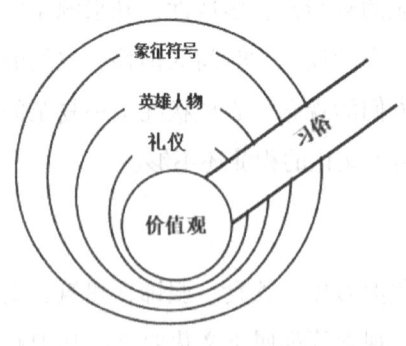

图1-1-1　文化的层次

二、文化的特征

（一）传承性

文化是人类特有的，也是人类和动物区别的关键因素。文化是社会的共同财富，不是生物遗传下来的，而动物的一些行为天生具备。如候鸟完全依据其内在本能，在季节变换时群体迁徙穿越海洋、越过大陆，迁徙途中还改变了其栖息地点。通过实验可以确定，它们天生就可以依靠星星来准确判断方向。

据日本人类学家祖父江孝男的观点，人类与动物的不同之处并不在于人类具备学习能力，而动物不具备学习能力。其实，很多事例可以说明动物也有学习能力，研究表明，猫抓老鼠不是天生就会的，而是经过学习后形成的结果。有人将新生的小猫分为三组，每组都有21只。第一组的小猫与老鼠一起饲养，第二组的小猫单独饲养，而第三组的小猫则与母猫一同饲养。经过实验，第三组的18只小猫均表现出了对抓老鼠的偏好，相反在第二组只有4只小猫能够成功抓到老鼠，而在第一组仅有3只小猫表现出这一特点。这表明小猫抓老鼠的行为是通过学习而得到的。祖父江孝男认为，虽然类人猿是最优秀的非人类智慧生物之一，但它们并没有发展出像人类一样的语言能力。由于缺乏语言，动物之间的信息传递受到很大的限制。克劳福德进行了一项黑猩猩实验，发现两只黑猩猩可以通过试错方法学会一起拉着绳子，将食物拉进笼子。然而，当实验者再引入另一只黑猩猩，将其与原来两只黑猩猩其中的一个关在一起时，笼子里原来的黑猩猩尝试使用各种信号来吸引新来的黑猩猩，但两只黑猩猩仍无法协同工作。他们需要重复相同的试错过程，才能再次学会有效合作。如果人们处于相似的境况下，他们会通过语言告诉其他人他们已经获得的经验。正是因为人类掌握了语言，才能逐渐积累知识、传承文化。

在没有书写文字的社会，人们利用口传的方式将自己的经验、知识、观念等世代相传。在文明社会中，人们通过书籍、法律、宗教经典、文学和艺术等多种形式将文化不断传承。文化还可以通过家庭、学校、社交团体等多种途径传播。由于文化代际传承的特性，每个社会的文化都蕴含着历代文化的沉淀。

费孝通在《乡土中国》中对于文化的传承是这样说的："人靠了他的抽象能力和象征体系，不但积累了自己的经验，而且可以累积别人的经验。文化是依赖象征体系和个人的记忆而维持着的社会共同经验。这样说来，每个人的'当前'，不但包括他个人'过去'的投影，也包括整个民族的'过去'的投影。历史对于个人并不是点缀的饰物，而是实用的、不能或缺的生活基础。"①

（二）时代性

文化的形成与发展与历史紧密相连，因此，不同历史时期的文化也具有差异性。通过创造文字、繁殖动物以及种植植物等活动，原始人引导远古人类步入了古代文化的发展阶段，形成了原始文化。人类进入近代文化历史时期的推进力量是蒸汽机的产生和产业革命的完成，这一时期，称之为资本主义文化。文化的依次演进，是一个"扬弃"的过程，是对既有文化的批判、继承和改造的过程。在先前的历史时期看来是先进的文化，在后来的历史时期就失去了它的先进性，而被更为先进的文化所取代。文化发展的基本趋势是随着时代的前进而进步的，但也不排除在某个历史阶段上会出现"倒退"现象。例如，欧洲黑暗的中世纪对文化的专制；我国明清时期"文字狱"对文化的禁锢等，都是明证。然而，这不过是文化发展过程中的暂时现象，它改变不了文化随着时代的发展而不断进步的历史趋势。其他如服装的变化、流行歌曲的变化等，则更反映出这种文化潮流强烈的时代性。

（三）民族性

文化的出现不是无缘无故的，其与人类社会息息相关。人类社会通常以民族为区分单位，这些民族有着聚居和共同生活的历史。因此，一定的文化总是在特定民族的背景下产生并发展。人类在不同的自然条件和地理环境下相互作用，形成了独特的文化特征，包括价值观念、思维方式和行为倾向，使人类群体呈现出多样性。实际上，整体文化是由各种不同具体文化类型相互融合而成的。美国学者露丝·本尼迪克特指出，文化是"通过某个民族的活动而表现出来的一种思维和行动方式，一种使这个民族不同于其他任何民族的方式"。②文化模式常常是一个民族结合的最为突出的文化特点。正是因为存在着这些不同的民族和地域的文化，才有了多样化的人类文化景观和文化语境。

---

① 费孝通. 乡土中国（修订版）[M]. 上海：上海人民出版社，2013.
② 韩德英. 文化翻译的多重视角探究 [M]. 中国原子能出版社，2018.

文化的形成和存在始终与特定民族息息相关。越是古老的社会，文化的民族性就越鲜明，因为民族是一种社会共同体。斯大林指出，一个民族，一定要有共同地域、共同经济、共同语言及表现共同心理的共同文化。这里强调的共同地域、共同经济、共同语言、共同心理都是重要的文化元素。民族文化的根源和表现，都离不开民族群体。一般来说，文化的边界往往与民族的边界完全吻合。除了肤色特征之外，民族的独特之处在于其文化的特质。因此，所谓的民族性，主要指的是文化方面的特征。尽管有着相同的古老历史，古希腊、古印度、古埃及和古代中国的文化都独具特色。在当代发达国家之间也存在着文化差异的现象。

各个民族都有着体现本民族特色的文化，如新疆维吾尔族能歌善舞，蒙古族善骑马射箭等。56个民族在共同的文化熏陶下形成了中华民族，其中汉民族占据着主体地位。毛泽东说过，矛盾的普遍性寓于矛盾的特殊性之中。各民族文化的民族性是人性的特殊性，同时也包含着人性的普遍性。虽然文化的共同性决定了某些文化能够为全人类所有，然而，文化首先是民族的，其次才是人类的。我们一定要首先爱自己本民族的文化，体现在翻译上就是要尽可能地提高翻译的准确性，用更生动贴切的语言传播自己本民族的文化，做文化传播的使者。

（四）符号性

人类天生就是懂得使用符号的动物，使用符号是人类生活中最具标志性的特征之一。人类不断地创造文化的进程，就是无休止地发明和使用符号的进程。文化并非天生，而是通过符号被人们学习和传承的知识。文化创造是指人类把对世界的认知、对事物和现象的意义及价值的了解，逐步转化为具体实感的形式或行为方式。这些形式或行为方式在被人们不断使用和传承的过程中，逐渐演化为具有象征意义的文化符号，并形成了人们生活中必须遵守的习俗和法则。任何文化都有一种象征符号的系统，也使生活在这种文化当中的人有其特定的思维和行为方式，在充满文化符号的世界中，人类有习俗、法则约束，在古代中国的封建等级制度中，服装颜色根据等级的不同有不同的规定：帝王的服饰颜色为明黄色，高级官员和贵族的服饰颜色为朱红或紫色，中下层官员的服饰颜色为青绿色，衙门差役的服饰颜色为黑色，囚犯的服饰颜色为赭色。因此，衣服的色彩便被用作特定身份的标志性符号。在当今社会中，等级观念已经淡化，因而服装颜色的等级象征意义已经消失。然而，人们仍然追求让服饰的色彩和款式与年龄、性别、身份、行业、环境、习俗相协调。因此，人们赋予服装色彩和款式以丰富的审美意义。例如，在晚宴、婚礼、葬礼和各种庆典上，我们都能够发现许多具有象征意义的元素，以及装饰、服饰、道具和程序等。

文化的象征性使得文化和交流具有一致性。在社交互动中，文化的信息被传递和理解，这是通过使用语言作为传输和存储工具实现的。因此，语言不仅是编码和解码的过程，也是文化传承和保存的系统。文化是一种符号和意义构成的模式系统，因此在进行交流解码时，需要遵守文化的特定规则或行为准则。这意味着只有当交流双方共享相同的社会期望、社会规范以及行为规范时，才能使交流有效地进行。文化和交际向来都是共存的，文化靠交际传播，而交际又能增进对其他文化的认识。

（五）阶级性

所谓阶级，是指人们在社会一定历史阶段由于所处的地位和对生产资料的关系不同而形成的诸个（基本为两个）社会集团。各阶级在社会经济结构中处于不同的地位，以不同的方式进行活动，必然产生各自不同的心理、思想、理论和习惯。因此，在有阶级的社会中文化具有阶级性。文化按阶级性划分，有封建地主阶级文化（封建主义文化）、资产阶级文化（资本主义文化）和无产阶级文化（社会主义文化）。由于阶级的没落与阶级文化的没落客观存在着时间差，在一定社会形态中会出现两个或者更多阶级文化并存的现象。在我国现阶段，社会文化的主流是社会主义文化，但是封建主义和资本主义的腐朽意识尚未完全退出社会舞台，仍然产生一定的不良影响。

（六）超时空性

文化的超时空性，也可称为文化的渗透性、普同性，这是与文化的前述特征（地域性、时代性、阶级性）相对而言的又一特征。某些文化元素虽然在特定地域产生和成熟，却也可为其他地域所接受、所吸收、所同化，成为超地域性文化，诸如摇滚乐、迪斯科舞等。某些文化元素虽然在特定时代创造出来，但它可被其后时代继承下来，成为超时代性、超阶级性文化，诸如唐诗格律、宋词曲牌、交响乐、芭蕾舞等。一般来说，观念文化（如自然科学、艺术形式、宗教礼仪）和某些心理文化，具有超时空性的特征。这类文化实际上成为全人类的精神财富，可以在不同国度、不同社会之间进行传播和交流。

三、文化发展的多样性

（一）文化多样性的含义

文化发展的多样性指的是人类文化的进步有着多个方向、不同的层次和多种方式的本质。在不同的历史时期，文化的发展呈现出多样化的特点。就像全球化一样，文化的发展历程也是悠久的。从人类社会的起源来看，文化经历了各种不同的发展形态和方向。此外，随着人类社会的进步，文化的多样性也在不断增加和扩展，涵盖的内容也变得更加丰富多彩。只有当社会的物质生产水平达到较高程度，全球范围内的物质、信息和能量的交流达到一定水平时，人类文化的多样性才会真正地吸引人们。

随着经济全球化时代的到来，人类文化呈现出前所未有的多样性。这种多样性伴随着人类文化的加速进步而呈现加速发展，是世界历史发展的主要表现和必然结果。因此，要概括当前人类文化发展的多样性表现，也就必须以人类文化发展的多样性在当前时代的主要表现形式作为研究的切入点。

（二）文化多样性的特征

多元文化是人类社会发展的显著特征，人类文化的演进和发展正是依托于多样性。因为存在自然环境和历史背景等的不同，多种社会群体在漫长的历史进程中，形成了各自独特的文化风貌。尽管文化表现出来的内容和形式不尽相同，但在文化多元的外表下，也存在着一些共通的特征。

1. 价值观念的多样性

正确认识文化多样性的实质是确保达成文化多样性的关键点。人类思想文化的中心在于价值观，而一个民族所共同接受并遵从的价值观则构成了其文化精华。少数民族文化的基础是其独特的价值观，这些价值观通过社会行为规范得以体现，而文化遗产则是这些价值观在物质上的表现。人们的价值观决定了他们的文化差异。

辩证唯物主义认为，物质的存在呈现出极其复杂和多样化的特征，不仅表现在数量和形式的多样性上，更是一种本质和实质的多元化。文化的多样性核心在于文化内容的异质性，而非仅仅表现形式的多样化。即文化最本质、实质的特点在于其内容的多样性。这种不同的异质为两个文化之间的相互交流和借鉴提供了便利。

以文化的三个层面为切入点，表层文化指的是物质文化，即可以直接感知到的文化，与社会的经济发展水平密切相关。然而，它往往无法体现文化的多样性，也无法展现文化中的内涵。制度层面的文化更加浓郁，也就是中层文化。文化的"质"，尤其体现在文化主体的价值观念，所谓的里层文化是指生命的核心在于价值观，而文化的本质力量则在于其根基的价值观。因而，文化的多样性在本质上是指价值观念的多元化，这一差异将直接带来人类行为模式的不同。

2. 超越地域的复杂性

多元文化的存在与生活的本土性有着紧密的联系，地区的自然环境和地域认知的不同是形成地域文化的基础。因此，在不同的地域，人们的文化内涵和风格都有着独特的特点。某一地区的文化与当地的社会习俗息息相关，如蒙古族以游牧为生的文化，赫哲族则以狩猎和捕鱼为主要生计的文化。随着全球化的不断深入，不同的文化之间开始深入联系和学习，导致文化认同呈现出超越本地化的趋向。就像吉登斯所说"让远距离的社会事件和社会关系与地方性场景交织在一起"[1]。在全球化的背景下，将文化放在其中已成为当代文化多元化的明显特征，反映人们对于世界文化多元化的忧虑。

文化多元化超越地域的复杂性主要在：首先，不同文化之间存在相互融合和冲突的现象，而无论这些文化覆盖的范围有多广，存在的时间有多久，这些现象在当代世界和各国都得到了表现。其次，不同的文化互相交融，以交接的方式相互联系。比如中国传统的伦理文化和西方后现代文化之间的关联。

虽然文化源自本土，但它具有宽泛的价值，因为人类及其文化具有跨越国家、民族、地区的普适性。以中国文化为例，张灏指出："从行为规则去看，各个文化是很有不同之处。但若从行为规则背后所依据的基本道德准则去看，则至少高等文化之间，甚多精神相通之处。举一个很浅显的例子，儒家的五常：仁、义、礼、智、信，放在世界任何一个其他高等文化传统里，都是会受到认可的。"[2] 在中国，

---

[1] [英]安东尼·吉登斯著；赵旭东，方文，王铭铭译. 现代性与自我认同：现代晚期的自我与社会[M]. 北京：三联书店，1998.

[2] 张灏. 传统与现代化[M]. 上海：上海教育出版社，2003.

随着政治融合和经济统一的进展，文化逐渐承担了保护多元性的职责。

3. 指导思想的一元性

采用"指导思想"这个术语本身就暗示了对于社会主义文化建设的方向和目标具有一致性和指导性的影响。同时，马克思主义深刻地影响和塑造了社会主义文化建设的性质和方向。随着社会传播媒介的不断增多和信息规模的迅速扩大，不同意识形态之间的冲突越来越大。这种情况下，许多社会思潮已跨越了地域的束缚，对人们的文化选择产生了影响。尽管不同的文化可以和谐相处，但指导思想需要是统一的。

马克思主义是一个完整的科学理论体系，对我国思想文化呈现出丰富多彩的面貌，有着极大的影响。首先，马克思主义哲学从自然、社会和人的思维领域出发，系统地展现了事物的实质和发展的基本规则，其给予了寻找科学的世界观和方法论的指导。通过这种指导思想，我们可以更科学、更贴近实际地思考问题，避免冲动，同时提高自我认知和增强自我意识。其次，马克思主义不仅是一门科学，还是一种革命性的思想体系。马克思主义提供了科学的途径，指引我们实现无产阶级和人类解放，是建设中国特色社会主义、进行改革开放的基本指导思想。最后，马克思主义还是社会主义文化的核心，决定了社会主义文化的本质和发展方向。社会主义的本质特征就是其具有先进文化，面对当前时代的文化多元化的情况，必须用马克思主义理论的力量发扬先进文化，改良落后的文化，拒绝堕落的文化。

马克思主义在社会思想的多元化环境下得到了进一步的推动和发展。科学的进步和思想的活跃使人们开阔了思维，敢于尝试新事物，提出更具建设性和意义的思想理念，从而推动了马克思主义的不断拓展和创新。马克思主义的形成，是在借鉴德国古典哲学、英国政治经济学和法国的空想社会主义等诸多思想基础上逐渐发展而成的。马克思和恩格斯认为，科学的进步是推动思想发展的重要动力，而这种进步又是文化多样性发展的必然产物。多元文化具有维持文化生机、促进文化繁荣、推动科技进步的重要价值。坚持将马克思主义思想作为指导思想，与社会的多元化意识是相互依存的，马克思主义确保了文化发展的性质和方向，而社会主义先进文化所主导的多元文化的繁荣与发展也在不断推动着马克思主义的革新和发展。

(三)文化多样性的表现

1. 文化的表现形式是多样的

文化多样性是不同民族和国家所独有的文化特征在表现上的多样性。文化多样性是指不同的群体和社会以各种不同的方式表达其独特的文化特征。这些表现方式在他们自身和彼此之间的传承中得到了体现。要保护和推广文化表现形式，必须承认所有文化的价值，包括少数民族和原住民的文化，这些文化应该得到平等尊重和重视。19世纪末20世纪初，就有学者开始研究人类文化的多样性。斯宾格勒将全球文化分为8种类型，而汤因比则将其分类为20多种。这些分类方式展示了世界各地、不同族群所独有的文化特色，为人类文化的多样性带来了丰富的贡献。

世界文化的多样性在于其涵盖了多种语言、深奥的宗教信仰、多样的礼仪规矩、各具特色的住宅建筑、丰富多彩的民间习俗、缤纷多彩的节庆活动、优美精致的文学艺术以及独特鲜明的思想理念等方面。同一种文化在不同的民族、地区和国家中表现出来的特点和形式各不相同。"由于人类文化发展所具有的多方向、多方式、多层次的性质，有人把文化多样性等同于文化发展的多样性。"[1]

2. 文化的主体是多样的

文化是一种用来区分不同群体的符号系统，每个群体的个体都是该文化的核心。文化的多样性得以实现，正是因为有许多群体的存在。在各种不同群体中，存在占据着主导地位、人数较多的群体，同时也有人数较少、处于边缘地位的群体。相对于汉族文化，少数民族文化是一种由少数群体构成的文化。虽然全球公认的"少数"通常指的是那些处于社会边缘、比较脆弱、生活在多数群体及其占统治地位的文化意识形态的阴影下的群体，但是在一小部分人中，他们共享相同的文化价值和传统习俗，这使得他们与大多数人不同。"少数人群体主要指四类不同人群：土著民族、地域性少数人群体、非地域性少数人群体或游牧民族和移民。"[2]可以这样说，文化多样性指的是文化主体的丰富多彩，即不同群体拥有不同的文化特征。

---

[1] 李晓东. 全球化与文化整合 [M]. 长沙：湖南人民出版社，2003.
[2] 世界文化与发展委员会. 文化多样性与人类全面发展——世界文化与发展委员会报告 [M]. 广州：广东人民出版社，2006.

3. 文化多样性体现了不同文化群体的关系问题

在一个多民族的国家中，通常会存在主体民族和处于较低地位的其他民族群体之间的差异的问题。在真实的政治场景中，不同民族、族内派别和个人拥有不同的政治资源支配能力，这导致他们在政治生活中的影响力不同，从而形成各种具体而复杂的政治关系。在特定民族和国家中的文化多样性的真实表现，不仅是在政治领域之内，还扩展到了文化领域。论及主体民族如何对待少数民族的文化，既可能是包容共存，也可能是非黑即白的两极分化。在中国的历史上，政治上的不平等待遇曾经被施加于少数民族身上。汉族政治压迫是导致其中一部分少数民族面临困境的原因之一，而另一个原因则是来自少数民族之间的弱肉强食行为和内部阶级压迫。在中华人民共和国建立后，成功地消除了三个重大障碍，确立了无产阶级专政的新政权，让人民可以自主管理国家。虽然政治平等得到了实现，但各个民族之间事实上的不平等现象仍然存在。在文化实践中，由于没有充分尊重和珍视某些地区的少数民族文化，致使这些文化的流失日益加剧。

在多元文化的国家中，探讨文化多样性事实上是探讨社会公正和平等问题，其中涉及主流群体与较弱势群体之间的关系。不仅仅是文化本身，而是与深化民主和促进政治公平密切相关的事态。维护文化自主权的目的在于以相应的手段和路径保障人们能够自主选择自己的生活方式。保护文化多样性则可以达到这一目的，但本身并不是终极目标。通常我们会发现，社会中存在一些不公平的情况，比如在机会分配和政治参与方面的差异。这时，弱势群体需要努力构建一个多元文化的社会，以促进主流群体和弱势群体之间的和谐相处，这是实现社会稳定的关键所在。

四、日本文化的形成

（一）日本文化的起源

石器的出现标志着日本历史的开端，而绳文时代则是日本石器时代的阶段之一。在考古挖掘中发现了一个时期的陶器表面呈现出丰富多彩的草绳纹样，被称为绳纹陶器。绳纹陶器源远流长，外观逐渐复杂，装饰花纹越来越繁多，这表明当时的陶器制作技艺越来越成熟，同时石器工艺也得到了长足的发展。尽管日本已进入新石器时代,但由于其岛国的地理位置,导致当时欧亚大陆的先进文化无法传入日本。绳纹人群居在坚固的山洞中,他们依然靠捕鱼、狩猎和采集为生,并没有了解农耕的方式。由于生产力的不发达,当时的社会处于母系氏族公社的阶段。在古老的社会中,巫术不仅统治着人们的实际生活,而且也掌控着人们的精神世界。

从公元前2世纪到公元3世纪,日本历史进入了弥生时代。在东京都文京区的弥生街上,有考古学家在进行工作。弥生时期的陶器具有不同绳索纹样式,这被认为是一种新式陶器。弥生时期的陶器形状简单,花纹也不如绳文陶器复杂,展现了一种全新的审美风格。通常认为,弥生时期的陶器是由来自海外的移民带来的,这些移民可能携带着新的弥生文化。尽管新的文化在日本取得主导地位并代替了原有的绳纹文化,但外来族群最终被原住民同化,日本民族并没有因此断绝。先进的陆地文明通过朝鲜半岛传到了日本,导致生产力在弥生时代大幅提高。随着农耕社会由稻作农业主导的崛起,日本从石器时代进入了铁器时代。在古代日本,弥生人开始进行农业生产,种植谷物,并逐步形成了规模较大的村落。同时,父系社会制度逐渐代替母系社会制度,产生了阶级差别和政治支配关系。在那个时代,人们信奉自然神,相信巫术魔法,这些信念主宰了人们的心灵生活。特别是在农耕和祭祀活动中,这些信念更加盛行,是弥生文化的鲜明特征之一。

自3世纪至7世纪,以畿内为核心的地区,在全国范围内兴建了许多高坟古墓,其中以前方后圆坟最为代表性。这标志着日本从弥生文化迈向了古坟文化时代。修建古墓需要动用大量人力,墓中埋葬了许多精美的艺术品,如镜子、剑、勾玉等,这些都寓意着死者在生前所拥有的巨大权力。这表明,与普通民众的简单埋葬方式相比,统治集团已经具备巨大的权力。5世纪初,日本统治集团成功地将以畿内为核心的大和国统一。在那个时代,日本不仅不断地接受物质文化的输入,也开始引进中国的文化思想。汉人和韩人移居日本后,他们被称为"归化人",开始采用汉字记录信息,同时,日本开始接受来自中国的阴阳、天文等知识。在6世纪,儒家经典和佛教等文化也开始传入日本,这标志着日本精神文化的开端。

（二）日本文化形成中的外来文化本土化现象

1. 日本文化中外来文化本土化的特色

在日本文化中，接纳外来文化并非简单地照搬和接受，而是将其融合到本土文化中并发展出特色。这种接受外来文化的方式具有开放性和主体性，有助于使其更好地适应日本的实际情况，并使本土文化与外来文化相互交融，形成独特的文化风貌。在吸纳外来文化方面，日本表现出了主动性、选择性、保守性和融合性。主动性是指日本在接受外来文化时通常会选择并学习世界上领先的文化。选择性是指在日本吸收外来文化时，会有所选择，根据本身国情和文化需求，借鉴、吸收先进文化和精华思想。在日本吸收外来文化的过程中，保守性表现为受传统文化的影响较大，宗教和道德伦理意识深深植根，同时保留了传统的生活习惯和思想。融合性主要指日本将外来文化吸收并融入本土文化，使其成为日本独特的文化形态。日本并不是单纯地吸收外来文化，而是有意识地对其进行改进和创新。通过保留优秀部分、丢弃无用部分的选择性处理，日本文化得到了蓬勃发展。

2. 日本文化对外来文化的吸收

（1）日本文化对外来文化的模仿复制

早在 5 世纪，随着东渡现象的出现，中国文化进入日本境内，极大地刺激了日本文化。在此过程中，日本认识到了中国文化的优点，开始学习和吸收中国的农业文化。在公元 7 世纪左右，日本开始大量采纳儒家思想并将其与当地文化紧密融合。此外，日本的改革新派还以中国唐朝时期的基本律令为蓝本，推行政治、经济等方面的变革。然而，在这个过程中，日本主要是采用了抄袭和直接模仿的方式对中国文化进行了吸收和应用。中国拥有着诸如春节、七夕、端午等传统节日，而日本则借鉴、吸纳了中国的节日文化，并在此基础上发展出了自己独特的文化。中国唐代的文化艺术在鼎盛时期达到了巅峰，歌舞文化尤其出色，在世界上享有很高声望。日本受其启发，汲取精华，创造出了经久不衰的雅乐文化。在日本文学中，许多作品也受到了中国古诗的启发，丰富了日本文化的多元内涵。

（2）日本文化对外来文化的综合创新

日本在 19 世纪中叶遭遇西方列强的压迫，迫使其开启国门，对外来文化进行了一系列的综合创新。在这个时期，随着西方文化的涌入，日本的传统封闭文化受到了冲击，开始向西方国家的文化倾斜。日本地理独特，周围尽是海洋，这种特殊的地理环境形成了日本浓厚的岛国文化。随着西方文化的涌入，日本开始吸收其先进之处，并巧妙地利用本国的地理优势，使文化发展更加兼容、开放、冒险、进取、外向和拓展。为了促进国家经济和文化的发展，日本在当时开始广泛引入西方思想，这导致日本文化和西方先进的思想文化相遇、融合。在荷兰文化的影响下，日本文化逐渐向西方文化靠拢，并逐步摆脱传统的农耕文明。这个过程为明治维新奠定了坚实的文化基础。

在那个时代，日本开始以本土文化为基础，融合外来文化并持续创新，不再仅仅局限于模仿和复制。当前的日本文化是日本明白了文化创新的重要性，综合各种外来文化进行创新的成果。例如，日本假名文的发明，极大地促进了日本文化的繁荣和日本人思想的独立，现今日本的文化呈现出的是深刻领会文化创新的价值，通过吸纳多种外来文化并将其融合创新而形成的成果。除此之外，日本还将中国的佛教与本土的神学融合，将佛教中的轮回转世观念修改为对现世的重视。正是因为日本能够巧妙地将传统文化与外来文化进行融合创新，使得日本文化具有了不可忽视的强大活力。

3. 日本文化中外来文化本土化表现

（1）生活及文学艺术方面的本土化

在生活和文学艺术方面，外来文化被本土化。文字作为一种表达文化和语言的工具，具有鲜明的文化特征。日本文字在形成过程中，逐渐吸纳了外来文字，而后通过改革不断发展完善，形成了独具特色的文字。自五六世纪以来，日本开始引进汉字并将其用作文化表达的载体，包括异体汉字和纯体汉字。经过长时间的演化和发展，在9世纪末期，日本人发明了假名文字，逐步摆脱了汉字的限制，形成了自己独特的文字体系。

日本在生活习惯方面吸取了较多的中国文化元素。例如，茶道。日本茶道起源于中国，宋代时由佛教大师昭明传入日本。随着时间的推移，日本茶道渐渐将道德、信仰、智慧等元素融会贯通，形成独特的风格。日本茶道是对中国饮茶方式的本地改良，逐渐升级为独特的礼节形式，成为独有的日本文化精神的表现。就目前而言，日本茶道已经被融入日常生活中。许多日本人认为茶道是一种可以修养身心、修炼道德情操的方式。自明治维新以来，日本开始大量学习西方现代思想文化，从而彻底改变了其社会生活方方面面，如衣食住行、生活礼仪、道德规范和风俗习惯等,经历了翻天覆地的变革。随着日本引进的西方工业文明的不断发展,该国开始兴建工厂、采用大型机械设备,发展铁路、航运、邮政和电报等基础设施。此举也使得日本民众开始接受并采用各种西方生活习惯,如安装煤气灯、穿西装、建造西式房屋、品尝西餐以及剪短发型等,逐渐形成了本土的生活方式。

(2)精神方面的外来文化本土化

就文化传播形式而言,将精神层面的文化进行本土化较为复杂。从更深入的角度来探讨,相对于其他国家而言,日本仍然保留着其独特的精神文化,因此可以说它是一个比较传统的国家。尽管西方饮食文化在日本广泛流传,但是日本人更喜欢食用生冷的食材,注重保持原汁原味。日本文化重视家族、集体和团队合作,因此在日本社会中家族势力、家族意识和集团意识都占据着重要的地位,反映出日本民族内部的凝聚力和团结精神。尽管日本宗教受到了中国佛教和西方基督教等的深刻影响,但民间的信仰和巫术在其中占有相当重要的地位,尤其是神道教。神道教是一种本土民族宗教,真正扎根于日本的文化基础之上。其信仰教义赋予了日本人关注世事本位和自然本位的理念,强调尊重神灵和自然界。随着时间的推移,日本不断发展,世事本位与自然本位的观念逐渐演变为日本的本土信仰。当佛教传入日本时,引发了激烈的宗教争端,分为"反佛"和"助佛"两派,这场纠纷持续了近半个世纪,最终在日本人的吸收、整合中,逐渐将中国佛教文化融入日本的本土文化中。最终,这场纷争为日本的文化发展作出了积极的贡献。中国佛教文化在日本文化背景下得以保持其本初之貌,同时与当地文化相融合,经历碰撞之后得到了长远的发展。此外,随着外来道教传播到日本,道教的精神成为其核心文化,并与本土宗教、佛教、儒教融合,进而形成了武士文化的三位一体特色。

在过去的1000多年里,日本广泛汲取了唐朝文化,这使得中国的思想和精神对其产生了深远影响。但是在德川政权瓦解、明治维新后,日本迅速进入了文明开化的时代,广泛学习西方文化,取得了显著的成就,这为日本现代化的发展奠定了坚实的基础。尽管日本接受了许多国家文化,并受到了佛教、儒教和基督教等不同程度的影响,在其文化精神形成的过程中,它并未摆脱其原本、古老的本土文化和本土精神的影响。因此,它依然拥有着其独特的文化内涵和精神本质。

(3) 制度层面的外来文化本土化

在制度方面，日本采取了主动开放、接纳外来文化的态度，并迅速将外来制度文化本土化，使其成为对本国发展有益的制度。在法律体系、政治制度和经济发展模式等方面，日本通过领导者自上而下的改革，吸取了西方先进的法律、政治和经济发展的经验，推进了日本社会文化的进程。

在明治时期（1868—1912），日本资本主义开始萌芽并逐渐发展，逐步步入帝国主义之列，并完成了初步的转型。明治文化历经了西方文化的影响和启发、反思和批判、折中和创新三个进程。在明治初期，日本刚刚摆脱封建体制的束缚，为了成功地转变为资本主义国家，日本实行了三项政策：文明开化、富国强兵和殖产兴业。

五、日本文化的特征

就历史而言，日本文化和中国文化之间有着相当密切的联系。唐朝时期，鉴真大师经历了许多艰险，最终成功地到达日本，为传扬佛教文化作出了重要的贡献。虽然日本文化和中国文化有一些相似之处，但日本文化也拥有自己特色。尽管日本文化的特征似乎具有冲突性，但它们在日本却得到了成功的开展和进步。

（一）文化的吸收性和独立性

汉字在日本语言中扮演着至关重要的角色。据相关资料所示，最初传入日本的中国汉字是刻在鼎等器具上的铭文，这是一种较早期的文字形式。在3世纪，儒家经典的文化渗透逐渐扩展至日本。在长期的演进和发展中，日本人对从中国传入的汉字进行了改良和简化，从而形成了平假名和片假名。但是现代日本人使用的文字中还保留了不少汉字，所以我们观看一部分日本文艺作品时，日本文字中常常掺杂一些繁体汉字，所以有一种似曾相识的感觉。[1]

日本文化对于唐朝文化的吸收最为经典。当时鉴真大师东渡日本，日本的佛教文化开始兴盛。唐朝的鉴真大师不仅为日本带去了佛教文化，还宣扬其他的中国传统知识，为日本文化的形成奠定了一定的基础。除此之外，日本的茶道文化

---

[1] 余建平，蒋乃鹏，胡峰.日本动漫与日本文化的互动关系——兼论对中国动漫产业发展的启示[J].日本问题研究，2015，29（5）：64-72.

也是从中国传入的。明治维新时期,日本推行文明开化的政策,倡导学习西方的文化。在这一时期全日本开始接触西方文化,学习西方人的技术和生活习惯,并巧妙地融合了原本的东亚文化,对当时的社会起到巨大的影响,为日本经济和其他领域的发展奠定了良好的文化基础。文化形成的过程中不可避免地要受到其他文化的影响与浸染,日本文化也不例外,日本文化虽然受到中国文化以及西方文化的各种影响,但是仍然保留一定的本土性。对于外来文化具有吸收性,也具有一定的独立性。[1]

日本的社会环境反映出了日本文化既有包容性又有独创性。尽管日本社会已经是现代化,但是仍然有一部分传统文化得以传承和保留。在日本,人们喜欢品尝一些原汁原味、天然口感的食物,如生鱼片和生鱼刺身等生冷食品,而不太喜欢吃过多的调味料。此外,日本人偏爱淡雅风格的审美品味,因而许多家居用品仍保持着朴素简单的风格。例如,日本的无印良品是以追求极简淡雅风格而闻名的。此外,家族观念在日本文化中受到高度崇尚,已婚的日本女性会对丈夫充满温柔和依靠,并极其关注家庭的各个细节。尽管日本文化受到多种文化因素的影响,但许多社会现象都表现出了其独特的本土特色和独立性。

(二)日本文化崇尚团体的意识

在日本,集体意识备受重视。人们从儿童时期开始注重培养坚强的意志力,认为这对于个人的成长至关重要。拥有强大的意志力能够更容易地在社会中获得成功。其注重从培养个人意志力扩展到培养团队合作意识,在日本文化中,集体意识的培养同样具有重要意义。《菊与刀》是一本在日本畅销的书籍。这本书强调的是在教育中,要注重培养人的意志和自尊心,同时要学会尊重他人,避免给别人带来心理上的压力。日本人在成长过程中高度重视"菊与刀"的精神,这种精神对于培养团体意识起到了积极的启发作用。

与其他国家不同,其他国家的团体意识是指成员在团体内部要保持一致和谐,相互之间互相尊重、协作,团队中没有个人英雄主义,而是注重集体利益的最大化。相反,日本的集体意识则恰恰相反。在一个群体内建立起自己的地位和影响力,需要先在其他群体和人群中赢得尊重。如果其他组织或个人批评和指责某个

---

[1] 徐咏阳,姚珊珊. 论日本文化的特征及现代启示 [J]. 改革与开放, 2012 (5): 40-41.

成员，那么这个人在团体中的地位可能会受到威胁，甚至可能会被排斥和孤立。因此，日本人最担心的是面对其他团队的批评和来自本团队的孤立。集体意识的重要性在于，把团队的利益放在个人的利益之上。如果有成员的行为有悖于团队利益，那么该成员将失去团队的支持。在日本的许多文化创作中，这种团队意识得到了广泛的展现。

（三）日本文化强烈的不安定感

在日本文化中，人们普遍缺乏安全感和归属感，因此他们通常会寄托情感和情绪于周围的事物上。这种不安定的情感状态会导致人们对于事物的变化有强烈的情绪反应。就以日本人对待漫画的态度为例，大家都知道，日本的漫画产业非常繁荣。在日本，漫画吸引了广泛的受众，包括学生和社会人士。他们都非常爱看漫画。漫画主人公成为人们情感和情绪的寄托，当主人公生命结束时，许多漫迷难以承受心理冲击，甚至会产生极端的行为。我们可能无法理解这种现象，但它却凸显了日本文化中普遍存在的不安定感。

第二节　语言概论

一、语言的定义与特征

（一）语言的定义

语言作为人们沟通思想的工具，政治、经济、社会和科技甚至文化本身都会受其影响。语言是一种文化现象，随着历史的演变和地域的变化，它不断地发展和演化，形成了今天的地域差异和变化。根据语音、语法和词汇等属性的相同点及其来源的联系，将全球的语言分类为不同的语系。每种语系所包含的语言数量各不相同。这些语系和语种在城市中都有明确的分布区域，而许多文化特征与这种语言的分布密切相关。语言是一种通过符号和语法规则进行沟通的方式，用以满足个体之间沟通交流的需要。这些符号和规则在特定的社群中得到共识，使得信息的传递变得更加高效和精确。

语言是人们记录、传递、保持经验的主要形式，语言对人的信息加工也有很大的影响。所谓信息加工就是对语言的信息加工，语言是人类区别于动物的主要标志。使用语言是人类所特有的高级认知能力。语言本身是一种社会现象，但是人们使用语言，包括理解别人的语言，是人所特有的一种高级复杂的认知能力。

（二）语言的特征

1. 任意性和线条性

任意性指的是语言符号和其所代表的意义之间没有必然的联系，而是基于约定俗成的规范和语境中的理解而建立。这种关系是主观的而不是客观的，所以难以通过逻辑论证来证明其正确性。虽然有些情况下可以进行论证，但一般情况下仍然存在无法论证的任意性。这是世界上语言多样化的因素之一。

线条性是指语言的表达依赖于声音，而声音只能在一维的空间中传递，因此语言只能在这个有限范围内线性地表达。这种线性表达方式受词语出现顺序的限制，并且带有局限性。但是，由于语言的声音特性，这种线性表达方式是不可避免的。

2. 不变性和可变性

语言是一个动态的体系，其中的各个组成部分既有固定不变的规则，也有不断变化的特点。这些规则的稳定性是语言可以被广泛学习和使用的基础条件，同时，语言内部的不断发展和演变也反映了语言的传承性。所有事物都在不断地动态演变，随着时间的推移，新的事物不断涌现，而旧的事物则陨逝消逝。尽管语言系统的变化不那么显著，也不是那么快速，但是它们被推动并受到社会、文化等多种因素的影响，这些因素使语言不断发展，努力朝着更加经济、实用、包容、富有表现力的方向发展。言语中的各种元素都有各自独特的变化方式和形式，并且这些变化的速度和深度是有所不同的。然而，我们通过研究发现越来越多的规律，可以更好地解释和预测言语的变化。这表明对语言学的关注和研究已经取得了许多成就，并且也证明了语言学是一门有规律可循的具有可变性的学科。

3. 符号性和系统性

社会对于观念的表达，以语言为符号是约定俗成的，因此语言的符号性，本质上是在社会发展中产生的。从某种程度上来说，它试图逃离对某些小型社交团体或者圈子的依赖。这代表语言最突出的特征。语言是一种共同协定的工具，在社会上被广泛接受和使用，语言的系统性，实际上反映了社会群体的文化共识和认知惯性。

一方面，语言符号具有象征性，因为它们可以传达文化、社会和情感信息，这些信息超越了纯粹的事实描述。因此，语言可以被视为一种复杂的工具，既可以表示具体的实物，也可以传达更深层次的意义和感情。另一方面，语言需要借助声音这种媒介来传达意义，因此语言是声音的表现形式，具有能指功能。

4.传承性和交际性

从一定程度上说，语言是人类文化传承和存储的有效工具。因此，它在自身的演变过程中，逐渐展现出强烈的传承性和交际性。

传承性意味着语言采用自身独特的风格和特点，吸引或推动人们在生活和生产中无意或有意地通过语言工具来直接或间接地影响有关人群，或者影响更广泛的地区，并达到传承的目的。语言在人类社会的发展中，是一种极其重要的文化载体。它不仅承载着人类古代和现代的精华信息，还连接着不同国家、不同地区的人们，是文明发展和文化交流的纽带。此外，语言也因其强大的交际功能而在丰富的交际中逐渐演化和丰富，这为人们的生活和生产带来了更多的意义和表达方式。

二、语言的结构与功能

（一）语言的结构

从内部结构的角度看，语言是一种符号系统，但其在信息量和结构、功能的复杂性方面远非其他符号系统，如莫尔斯电码、旗语、灯光交通信号等所能比。语言系统是一个复杂的整体，由各个分支系统或层次，如音位层次、词汇层次、语法层次等组成。语言成分由各种关系加以联结，成分和关系互相联系、互相制约，构成井然有序的系统。作为符号的语言单位具有两个重要方面：（1）表现方面，即语音。（2）内容方面，即语义。在语言单位中，音和义的结合是约定俗成的，什么样的语音形式表达什么样的意义内容，什么样的意义内容用什么样的语音形式表现，最初是任意的。世界上之所以有多达几千种语言，就是因为人类创造语言时在选择语音形式、表达意义、内容方面的不一致，因而形成了不同的语言。

语言的内在结构是它与其他语言区分的重要因素。如果不了解一种语言内部的构成，就无法识别出该语言的发音或书写符号，也无法理解其中的含义。然而，理解了语言的内部结构的符号系统并不意味着完全掌握了该语言符号的意义，即语义。语义的表达或理解，除了要了解和掌握一种语言的内部结构外，还要了解和掌握该语言的外部结构，即文化结构。

语言的文化结构源于使用该语言的人或民族的生活经验、信仰、艺术等方面的综合体，包括了社会历史发展、宗教、科学技术等元素。通过文化结构，语言可以对物体或现象进行指代。人们在不同文化环境下生活，会对相同的语音或文字符号产生不一样的理解。

（二）语言的功能

从功能的角度看，语言具有多方面的功能，这里择其要点概述如下：(1)语言首先是交际的工具，供人们用来传递和交流信息。有些高级动物，如猿猴，也使用区别性的有声信号来传递信息，但这些信号都是不可切分的整体，也不能组合和替换，产生更多的信息，动物的信号同人类语言是无法比拟的。(2)语言是思维的工具，供人们用来形成和表达思想。语言是思想的直接现实。语言的基本单位也与思维的基本范畴相对应：词与概念相对应，句子与判断相对应。人们也可以用手势和动作等手段来表达一定的思想，但它们只能起辅助的作用，语言才是思想最完善、最有效的载体。(3)语言是积聚知识和信息的工具，它把人们思维活动和认识活动的成果用词和句子积聚并存贮起来，保存和反映了前人全部的经验和智慧，而后人通过学习就能掌握前人积累下来的知识和信息，不必一切从头做起。这些知识和信息正是特定民族（传统）文化的重要源泉，从这个意义上说，特定语言是特定文化的容器和载体。(4)语言是表达感情和影响别人的工具，它既传递信息，又是艺术表现的媒介。语言具有美学功能，它的创造性也正是通过艺术的媒介而得到充分的体现。

在上述功能中，交际功能是主导的。俄裔美国语言学家雅柯布逊把交际行为细分为六种，从而区分语言六种不同的功能：(1)从说话人的角度，语言具有表现功能，表示说话人对信息内容的关联、态度或对情境的直接反应。(2)从影响听话人的角度，具有指令功能，一般用呼语或命令口吻表示，以呼唤或祈使对方作出反应。（3）从上下文或情景的角度来说，具有指称功能，即指称信息涉及的事物、需要传递和交流的内容和相应的事物及其特性、关系等。（4）从接触的角度，具有联系功能，意在保持或脱离接触，或者检查交际渠道是否畅通。（5）从代码的角度，有"元语言"的功能，如对某一事物的说明，这在儿童掌握语言和语言教学过程中常常发挥作用。（6）从信息的角度，具有诗歌功能，使语言具有更大的感染力，以满足人们的美学需要，在文艺作品中这一功能有很大作用，在日常生活中也有一定的作用。

英国语言学家韩礼德则认为，语言有表达概念的功能、进行交际的功能和构成话语的功能，由此而形成其功能语法体系中语言语义的三个功能部分：（1）概念部分，即及物性、语态、情态意义。（2）人际部分，即语气、情态、语调。（3）语篇部分，即主位结构、信息理论、接应。韩礼德认为语言之所以是语言，就是因为它必须提供某种功能。换句话说，社会对语言的要求促使语言形成了自身的结构。他从功能观点出发来描述语言的发展，其系统功能理论在学界产生了极为深远的影响。[1]

三、语言的文化属性

人类文化的发展在很大程度上有赖于语言。语言是文化中最重要的因素，也是使文化得以世代相传的最基本的工具。不少人类学家认为，一种语言往往代表着一种文化，或者说语言是一个国家或地区社会文化的缩影，它是人们思想观念的"直接现实"。一种语言折射出一个群体丰富多样的文化特征和表现，这个群体的生活方式、思考方式以及世界观都包含在他们所使用的语言中。人们在交流时，语言中的文化元素与内心的文化意识互动，以此完成交流的目标。

文化与语言的这种关系在两种文化和两种语言的对比中得到了充分的体现。我们了解到，由于宗教信仰、思想观念、历史背景等方面的差异，中日两民族间的语言也存在着差异。这种差异源于两民族文化的独特性。这种语言差异也表明了中日两种文化之间的不同之处。

作为一种共同的符号系统，语言是文化的产物，它承担了文化中不可或缺的角色，因此从文化的角度来看，语言具有极其重要的文化功能。

---

[1] 胡壮麟. 功能主义纵横谈[M]. 北京：外语教学与研究出版社，2000.

（一）语言影响文化

1. 语言是文化的基础

语言是思想的直接体现，特别是词汇最能敏感地反映生活和人类思想的变化。由于语言或词汇受文化的影响，所以用于表达的语言或词汇也必定深深打上了该文化的烙印，附带有其文化的含义或引申意义。

正是借助语言，文化的各个组成部分——政治、法律、教育、风俗习惯、宇宙观、艺术创造、思维方式等才得以薪火相传，代代不息。

2. 语言促进文化的发展

语言的进步与文化的繁荣相互关联，语言的丰富和提升是整个文化繁荣发展的基础。如果没有语言来记录我们祖先的认知，那么后代人将不得不重新开始探索一切，这将导致社会的停滞，并阻碍文化的发展。想象一下，如果没有语言作为沟通工具，不同民族之间就无法进行有效的交流。如果人类无法相互借鉴先进的认知，这将对社会的发展和文化的进步造成不利影响。

（二）语言反映文化

言语是文化的载体和传递工具，文化则是使语言得以生存的条件。由于各民族存在着风俗习惯、历史变迁、宗教信仰以及经济发展水平上的多种差异，因此，每个民族都拥有了独特的文化特点。这些差异表现在词语和语言表达上，这使得世界语言变得多姿多彩。然而，由于这些文化差异，不同文化背景的人在对同一事物或同一观念进行理解和解释时，可能出现不同的观点，从而导致误解和交流困难。社会语言学的研究提醒我们，语言本质上具有一定的封闭性。语言是一种表达不同思想和文化传统的工具，不同的语言反映了它们所代表的独特的思维模式和文化特征。在语言学习和翻译工作中，研究语言文化特性的意义尤为重要，因为这有助于更好地理解和应用语言。

1. 语言反映生存环境

自然地理环境对文化的形成有很大的影响，因为它会塑造特定的文化形态。文化则通过语言在表达中反映出来，形成特定的表达方式。

2. 语言反映风俗习惯

社会文化现象中的风俗习惯，是人们在共同生活和互动中长久形成的一种生活和行为规范,由社会群体共同创造和遵守。民间文化涵盖了社交礼仪、习惯惯例、生活方式、信仰等方方面面。

中国人的处世态度和习惯可以通过诸如"以礼相待""先礼后兵""有所为有所不为"等表现出来。中国传统文化注重人的社交性,强调人作为社会组成的一部分,应该融入群体互动,在人际交往中彼此关心、帮助、爱护。人们在相遇、交际时往往会询问:"您将前往何处?""你目前正在从事什么活动?""你已经步入婚姻殿堂了吗?"在英国文化中,个人价值观得到高度重视,注重自我意识的表达。因此,当被问及这类问题时,英国人可能会感到自己的隐私受到侵犯,觉得这是对个人自主权的干涉。

3. 语言反映宗教文化

宗教信仰是文化体系的核心元素,各种语言都能反映所在文化对宗教的认识与理解。佛教在中国文化中占据重要的地位,因此汉语中涉及佛教的词汇和表达方式相当丰富,如"立地成佛""佛口蛇心"等常见用语,还有来源于佛教的词汇,如"慧眼""慧心"等。

4. 语言反映民族心理

民族文化的精华和信仰往往通过语言传递,展现出该民族的道德、价值观以及心理状态。

总的来说,语言作为文化的重要组成部分,承载着文化的内容,传承和反映文化的特征。因此,语言和文化之间相互依存、相互促进。人类社会的交际离不开语言这一关键的工具,而语言本身也是文化不可或缺且极其重要的组成部分。各种民族的语言不仅受到本族社会文化的限制,还表现出独特的文化内涵。若缺乏对特定民族文化元素的了解,人们之间的交往便难以流畅地进行。

相反地,语言的结构和含义受到文化的影响,而文化的不断变化的特征导致语法和词汇意义的改变。汉语经历了汉语拼音方案、简化字和标准普通话等运动,这些运动对汉语产生了巨大的影响。随着新兴事物和思想的涌现,以及外来文化的渗透,很多词汇的含义也发生了巨大改变。例如,在汉语中,"小姐"这个词汇,在中国古代封建社会中仆人用它来称呼主人家的女儿,中华人民共和国成立前常用作对未婚女性的称呼。中华人民共和国成立后至改革开放前,它变成了一个休眠词,而在 21 世纪的中国社会,在很多情况下这个词变成了中国女性不喜欢的称呼。这个词语逐步转变为带有贬义色彩的词语，这中间起根本作用的就是社会文化因素。不管是在汉语还是在英语中，这样的例子俯拾皆是，不胜枚举。从文化层面上来说，这些词汇既是文化的创造产物又是文化的载体，在一定程度上反映了当时的文化特性。

第三节　日语文字与语言学

一、日语文字的形成学说

（一）汉字的传入及其传播

上古时代的日本列岛居民，只有语言没有文字。平安时代初期斋部广成编著的《古语拾遗》中记载："盖闻上古之世未有文字，贵贱老少口口相传，前言往行存而不忘。"[①]

汉字在公元一世纪前后开始传入日本，日本人开始认识并学习汉字。从出土文物的证据可知，当时中国的手工业制品已经传入了日本。在很多金石器物，如铜镜、印章以及货币上，都刻有汉字铭文。尽管这些铭文只是由单个汉字组成且没有正式书写方式，它们却是日本人最早学习到的文字。在公元三世纪早期，汉文已传至日本。在《三国志·魏志·倭人传》中，记录了一份公元238年12月曹魏给日本邪马台国女王卑弥呼的国书，该文采用汉字音译的方式标注了日本人的名字，如"卑弥呼""升难米"等。

自4世纪后期起，亚洲大陆上许多人因为遭受阶级压迫和战争的困扰而选择移民至日本，另外还有一些人是应官方邀请而来。这些外来人在日本定居，并在历史上被称为"渡来人"。大部分渡来人来自朝鲜半岛，也有许多中国人与他们一起迁徙。在那个时期，日本的奴隶制度正在逐渐发展，渡来人在这个过程中受到了朝廷的高度重视。他们承担着重要的文书办理工作，包括财务出纳、税收征收和内外文件处理等任务。这些人不仅推广了大陆的先进知识、技术，加速了古代日本经济、文化的发展，还直接将汉字传入日本并教授给了日本人。

[①] 吕元明．日本文学论释 兼及中日比较文学[M]．长春：东北师范大学出版社，1992．

成书于720年的《日本书纪·应神纪》中记载："十五年秋八月，王戌朔丁卯，百济王遣阿直歧贡良马二匹，……阿直岐亦能读经典，太子苑道稚郎子师焉。于是，天皇间阿直岐曰：如胜汝博士亦有耶？对曰：有王仁者，是秀也。时谴上毛野君祖荒田别巫别于百济，仍徵王仁也。……十六年春，二月，王仁来之。则太子苑道稚郎子师之，习诸典籍王仁，莫不通达。"① 在712年出版的《古事记》中的应神天皇卷也有类似的记载，记载了在这个时期，一位名叫王仁的人从百济来到日本，并带来了汉文版的《论语》十卷和《千字文》一卷。这是对于日本人如何有条理地学习汉字的最早记录。据史学家记载，日本人开始学习汉字的历史可追溯到应神天皇时期，当时太子受命师事阿直岐和王仁。

日本人花了约三百年的时间，从4世纪开始学习汉字，逐渐掌握并灵活运用起汉字来。据《日本书纪》的记载，在570年的夏天，高句丽国（古代中国的一个国名）派遣船只到达越国（今天的石川县一带）。接下来的一年，敏达天皇接待了高句丽的使者，并命令苏我马子召集所有的历史学家，在三天之内解读他们的国书。然而，所有的历史学家都无法理解，只有当时初到日本的渡来人王辰尔可以理解。这表明，在公元六世纪后半叶，日本本土还没有出现能够理解汉字的人。在602年，一位来自百济的僧人，名叫观勒，携带了各种汉文书籍，包括历书、天文学、医学、阴阳学、方术等等，前往日本。天皇选择了一些"渡来人"作为他们的学生。公元608年，在和小野妹子一起前往中国留学的八名学生中，有七人是来自渡来地区。这种情况可能与那时的日本土著能够熟练掌握汉字的人数相对较少有关。

然而，在公元7世纪初期，日本皇家出现了会运用汉字的人，其中最具代表性的人物是圣德太子。在604年，他亲自起草了《十七条宪法》，这份文件的全文都以古体汉文的形式保存在《日本书纪》中。从609年至616年间，他用汉文进行经典注释，最终完成了《三经义疏》这部巨著。这篇文章是由日本人创作的最早的汉文体文章，同时也标志着日本人使用汉字的开始。根据各种历史记载，公元7世纪是日本人积极学习和应用汉字汉文的时期。其中积极学习的因素有三方面：（1）推古朝时期，圣德太子多次派遣留学生到中国学习，这些学生回国后积极宣传仿唐制，并极力让各氏族的子弟学习汉文、了解中国情况。（2）在大化

---

① 钱逊．钱逊讲《论语》[M]．北京：中国盲文出版社，2014．

改新（645年）后，天智天皇仿效唐朝制度，成立学制，并在中央建立大学寮，设置两位音博士、两位书博士，专门教授汉字发音、书写和汉文阅读。同时，在地方也设立国学，招收学生了解儒教及经典，让汉文的学习扩散到整个贵族。（3）公元663年百济灭亡时，多达5000名百济流亡者来到日本，积极参与政治和经济事务，对日本人学习和掌握汉字汉文以及奈良文化的形成产生了巨大影响。

因为在那个时代，汉字与汉文化的学习变得日益普遍，导致民间的识字程度大幅提高，并且出现了对汉字书写已经变得相当熟练的本地日本人。一例是在法隆寺的五重塔木制结构上发现了刻有文字"奈尔奈尔波都尔佐久夜已"的情况。据推测，上述文字可能是由工匠在重建木塔时留下的记录，因为五重塔在607年开始兴建，但在670年发生了火灾，导致塔被烧毁，直到708年才得以重建。这表明，在当时的劳动人民中就有掌握汉字的人。

自公元8世纪初开始，日本人撰写了许多汉文著作，其中包括了太安万侣于712年所撰写的最古老历史书籍《古事记》，以及舍人亲王等人在720年撰写的日本第一部受官方命令所写的历史书籍《日本书纪》。此外，日本亦于751年出现了第一部汉文诗集《怀风藻》，并约在760年前后编撰了最古老的诗歌总集《万叶集》。至此，日本人终于掌握了汉字并开始用汉字来记录日语。

（二）汉字向假名的转变过程

随着中国文化在日本的传播，汉字慢慢被引入并演变成为记录日语的一种文字。但在汉字成为日语书写系统之前，日语作为一个民族语言已经存在。

汉语与日语有很大的区别，比如日语的语音结构较为简单，音节数更少，而汉语的语音结构则更为复杂，音节数更多。日语采用黏着语的形式，语法关系需要通过助词、助动词或动词词尾的变化来表示。而汉语则是孤立语，语法关系主要靠词序和虚词来表达。由于汉字是一种表意文字，其字数众多，字体复杂，在实际应用中存在很多不便利之处。在借鉴和运用汉字来记录日语方面，日本人付出了许多持续不断的努力。最初，他们采用了两种主要的策略。

首先，通过汉字的音韵特性学习汉语，需要在老师的指导下，模仿汉语发音读所有的汉字。这种模拟发出的声音与汉语本身的音并不完全一样，随着时间的推移，每个汉字都出现了类似于日语的音读，即汉字的"音读"。

在汉字"音读"逐渐普及的过程中，一些汉语中没有而日语中有的词汇，在被用汉字表达时采用了"借音"的方法，即用汉字来表示该词汇的音读，而不考虑其日语的本来意思。在日本埼玉县、熊本县古墓中以及和歌山县出土的铁剑、大刀、人物画像镜上都刻印着人名，这些名字包括：多加利足、加差披余等。这些汉字已经脱离了其本身的价值，仅仅作为日语中某个音节的象征。在五六世纪的日本文物中，人们经常使用汉字表音的方式来书写固定的词汇。

虽然透过模仿汉语语音来朗读汉文，但是仅凭此并不能完全理解汉文的意思，需要用日语进行讲解。因为在那个时候，日本并没有发展出自己的文字，所以只能使用口头传授的方式进行翻译。这种方式会将汉字的意义直接转化为日语的发音，从而固定了日语中对应的汉字发音。这种发音被日本人称为汉字的"训读"。"训读"和"音读"是两种不同的汉字读法。其中，"训读"强调的是根据字形、结构和意义来推测发音；而"音读"则强调的是直接模仿汉字的音来读音。这两种读法是相互对立的。前者是由阅读汉字而产生的，而后者是由对汉字理解和解释的需求而产生的。学习和运用汉字的"训读"比"音读"更需要有对汉字和日语的相关知识。

人们可以利用汉字的"音读"方式来书写日语词汇，汉字的"训读"方式来使用汉字写作。在通过"音读"和"训读"的方式使用汉字的过程中，会颠倒语序来符合日语使用习惯。

在使用汉字作为日本文字的过程中，首先需要掌握汉字的"训读"，并且运用"训书"来加深理解和记忆。它让汉字脱离了汉语语法结构的限制，并且可以根据日语语序的要求来排序。当然，"训读"和"训书"都存在局限性。比如，对于那些日语中没有的汉语词汇，只能采取"音读"而无法运用"训读"方式；而对于那些汉语中没有的日语词汇，同样不能采用"训书"方法。由于日语是丰富的语言，因此在用汉字记录日语时，很难完全符合日语的语法规则。如果仅仅用汉字的读音来书写日语，有些单词将会用六七种不同的汉字书写，再加上汉字的字形较为烦琐，这使得学习者和使用者的写作变得更为困难。

其次，在保留汉字的情况下，如何将"记"这个词写成日语是个困难的问题。《古事记》撰写于712年之际，太安万侣意识到语言因为文字的限制而无法自由地传达。在他的序言中写道："已因训述者，词不逮心。全以音连者，事趣更长。"[1]

---

[1] ［日］安万侣著；周作人译. 古事记[M]. 北京：现代出版社，2018.

阐述了当时用汉字记录日语的困难。太安万侣的做法是以"训书"为主,也就是用能够读作汉文的方式表达,但对于需要明确发音或训读的汉字,会在旁边注上标注。

日本人为了区分用于表意和用于表音的汉字,将前者称为"真名",就是真正的文字,后者则称为"假名",意为借来的文字,即字母。因许多汉字在发音上被误用为日语拼音,因此在《万叶集》中被广泛使用,用以表示日语的读音,此用法的汉字被叫作"万叶假名"。

"万叶假名"是日本古代人创造本土音标文字的开端,既有其重要性,也有局限性存在。举例来讲,由于表意汉字和表音汉字的外观无差别,使得辨认表意还是表音在文章中变得困难。为了简化汉字的书写,出现了一种名为"宣命体"的写作方式。"宣命体"是一种古代的文字书写方式,它主要用于写作"宣命"和"祝词"之类的文本。这种书写方式的主要特征是将表意的汉字大写,而将表音的部分,如助词、助动词和活用词的词尾等,使用小写,用"万叶假名"表示。"宣命体"的出现对于日语的描述有着很大的价值,它通过使用大写和小写来区分表意汉字和表音汉字的文字形式。为了使写作更方便,选用了一些外形单一的汉字来表达"万叶假名"的音节。因此,某些汉字被用来代表特定的发音,相对来说比较稳定。此外,"宣命体"还显示了日语的语法特征,更准确地表达了日语词汇的形态,这对于"万叶假名"的演变具有重要意义。

(三)日本文字的形成

虽然"万叶假名"能够满足当时日语的表达需求,但它的形体实际上仍然是汉字。这种情况下,即便选用最简单的汉字作为"万叶假名",写作起来也需要耗费很多时间和精力。因此,随着对"万叶假名"的使用,其中的汉字慢慢被简化或忽略,最终发展出具有独特特征的日本文字——"平假名"和"片假名"。

二、日语语言学的起源

自现代日语语言学确立的1894年算起,至今已逾百年。现代日语语言学发展至今,绝不是无缘之水、无本之木,它经历了一个从草创、形成、发展直至走向繁荣的历史演变过程。有道是"鉴往而知今",在跨入21世纪20多个个年头的今天，我们尝试撰文对百余年来的现代日语语言学的发展历程做一下粗线条式的回顾和描写，目的是帮助今人更好地了解这门学科的缘起及发展轨迹，掌握一些必要的知识乃至规律性的东西，以便我们更为全面深入地总结过去、展望未来。同时，亦想借此机会对中国日语语言学所取得的成就及问题做一个小结。

在日本，日语语言学的发展有两个主要来源。一个是古老的日本人长期以来一直在探究自己母语的传统"国语学"范畴，另一个是以引进西方语言学，特别是20世纪70年代前后引进美国生成语法理论以后逐渐在日本兴起的"日本语学"领域，后者在很大程度上是在以外国人为对象的对外日语教学"日本语教育"兴盛的背景下产生的。二者在21世纪初出现了部分合流的趋势，二者可看作是反映这种时代变化和趋势的标志性事件。

虽然"国语学"与"日本语学"二者在概念和所指上是有所区别的，但本书所讲的"日语语言学"不拘囿于日本的国语学的概念，也不完全等同于日本语学的概念，而是带有自己的特色，即综合了日本传统意义上的国语学、20世纪70年代以来形成的具有鲜明开放与实用特点的日本语学以及其他同语言学相关学科的部分内容。总而言之，本书尝试打破日本学术界的既有壁垒，围绕日语研究的一切学问皆在我们考察范围之内，其中既有理论性偏强的学科领域，也涉及一些具有日本特色、相对而言应用性和实践性较强的领域，甚至还包括具有较强人文学科色彩的领域等。本书所关注的大多数是在一定的现代语言学理论指导或启发下所进行的日语研究，且考察对象仅限于现代日语。当然，从研究规模以及成果、影响的比重上说，仍以现代日语语法研究为主。

仔细推究，日本传统的国语学包括了研究古语言的一面，以及近现代国语学者山田孝雄开始运用现代语言学的方法研究母语日语的另一面。本书所设定的现代日语语言学不包括前者，前者主要是基于文献调查和考证探究，涉及的大多数属于传统语言与文学领域的研究范畴。后者是指近现代国语学与日本语学，它们之间的分界有时不太明显，但较之近现代国语学生主要受近代西方哲学科学思想特别是索绪尔以来的结构主义语言学等学派的影响，新兴的日本语学在理论和方法上大多吸收和借鉴了20世纪六七十年代以后西方现代语言学的最新研究成果，并注重将其他语言纳入对比和考察的视野范围，研究的目的或成果大多数被直接指向了对外日语教学实践乃至语言类型学研究。

当然，早在日本的中世，确切地说在室町时代，来自葡萄牙的传教士罗德里戈斯就写出了《日本大文典》（1604—1608年）和《日本小文典》（1620年）等研究日语的著作，被视为早期日语语法研究的经典之作。其后，特别是到了明治时期，许多西方人前往日本学习日语，导致许多西方人，比如阿斯顿、钱伯伦等人编写了许多文典类语法书籍。这些作品是从外国人的角度研究日语的，所以有学者认为它们属于有别于传统日语研究国语学的日本语学之代表性著作，而日本人自古代起研究本国语言的学问就被认为是国语学。但如前所述，本书所设定的日语语言学是建立在超越这种狭隘的国语学和日本语学区别之上的学科。只要研究对象是日语，我们不作国语学和日本语学的区别，即不从研究者的国别角度区分，而主要是从理论或方法论上着眼。如前所述，近现代国语学研究也是在接受西方近代语言学影响的基础之上确立的。上田万年给日本带来了西方的历史比较语言学，他指导弟子搜集了大量的珍贵文献，同时积极培养奖励学术后辈。在他的指导下，弟子桥本进吉专攻日语史，东条操研究方言学，金田一京助则钻研阿依努学，均取得了杰出成就，特别是桥本进吉在江户学者研究的基础上重新发现了上代特殊假名拼写法，这个发现对于日本近代语言学的确立可谓作出了卓越贡献。所以我们认为，现代日语语言学与传统的以文献调查和考证研究为主要特征的传统国语学研究相比，不在于时间的早晚，而是从理论到方法均受到了来自西方语言学的直接或间接的影响或者启发，确切地说受到了历史比较语言学以及结构主义语言学的影响，而后者正是被认为是开启世界近代语言学的重要学派。

上田万年的功绩是将之前的作为佛教、歌学、国学附庸的语言研究与西方语言学体系整合为一门独立的学科。但是上田万年及其弟子东条操等人，以及山田孝雄等人，受西方近代语言学的启发，却没有将日语作为世界语言家庭中的平凡成员来对待，而是采用了与众不同的方法。显然，明治时期确立的国语学被带上了明显的国家主义色彩和功利主义，其是为当时日本国语政策的制定和针对本国人的国语教育服务的，由此我们可以看出当时语言学研究所受到的政治影响和时代局限性。其后，由于军国主义势力的抬头以及国粹主义的推动，更是凸显了本国本位主义的一面，原为"和汉"的二元对立被"日欧"对立所取代，强调日语独立性和特殊性的国语学传统随着日本与其他交战国政治对立的加剧进一步确立。所以，传统的国语学向现代日语语言学转换这个任务本来在上田万年时代起就理应可以实现，但却迟至20世纪70年代后，随着生成语法理论等西方现代语言学的引进以及对外日语教学的繁荣才得以完成。另外，随着20世纪30年代以来日本海外殖民的开始，产生了以实现所谓大东亚共荣圈为目的的日语输出以及伴随而来的日本语学，即出现了为对外日语教学服务所进行的日语研究。因此，日本语学有宽窄两种时间界定。日本语学的名称很早就有，这是指广义或者说是泛泛意义上的日本语学概念，但更为限定的或者说我们现在一般语境下所说的日本语学主要是指20世纪70年代以后受到美国生成语法等影响，特别是在20世纪七八十年代兴盛起来的以服务日语教学为主要背景的日语研究。

20世纪60年代后半期，日本进入经济高度增长时期。在经济繁荣的刺激与带动下，社会教育文化事业也取得了巨大发展。与此同时，随着现代西方语言学的新学派、新理论的不断引进，以及日本国内大规模展开的对外日语教学向研究者提出了大量新的现实课题，日语语言学研究遂迎来了新的发展契机。包括负责研究欧美的学者在内，日本年轻一代学者从来自西方的现代语言学理论中吸取营养，大胆用于解决现实问题。在此过程中，他们对日语本身的看法也发生了根本性的变化，简单说就是日语被置于相对化的地位，而非明治乃至战争期间被赋予特殊的国家语言色彩的绝对化，这种变化也为后来的学者积极大胆地运用提炼自西方语言的现代语言学理论研究日语提供了基本前提和可能。经过战后特别是20世纪六七十年代的积累，20世纪80年代以后现代日语语言学走向了全面繁荣与成熟。

三、日语语言学的发展历程

从1894年至2014年，日本的现代日语语言学研究已历经了百余年的历程。若从山田孝雄1908年的第一部语法著作《日本书法论》问世算起迄今也已有一百多年的历史了。如果掐头去尾，本书基本上就等于是对20世纪这一百年的日语语言学的发展做一个简单的回顾。这一百年是现代日语语言学由草创发展直至走向全面繁荣，并产生学术巨擘和一大批卓越成就的时期。因此，这里对日本现代语言学研究的发展历程做一个鸟瞰式的描写，对其中的源流做一个粗线条的梳理。

必须说明的是，迄今为止国内外出版的著作大多只描写语法史，或者说是摘取语法史为代表来描述语言学史，以此来勾勒现代日语语言学的发展历程。这是因为：其一，语法学历来是语言研究之重，而且语法比较具有系统性，因此在方法论上承前启后的脉络比较清晰，易于梳理描写；其二，语法同语言教学特别是外语教学紧密相关。如同下文所述，在现代日语语法研究的历程中，很多新发现、新方法是受日语教学中所遇到实际问题的刺激产生或发展起来的。不过，本书虽以语法研究史描写为主，但同时兼顾与日语研究相关联的其他各领域的研究，特别是 20 世纪 80 年代以后蓬勃发展的日语语言学涉及了现代日语多方面、多层次、多角度的问题，尤其是与语言的功能、语境以及使用语言的人相关的要素被置于日语研究的重要地位，语言研究日益呈现出跨学科、多元化的综合研究的特点。

在此，百余年的日语语言学的发展历程主要分为：萌芽期—形成期—发展期—繁荣期—整合期。从年代分布上说，萌芽期主要包括明治期和大正时期的大约 30 年；形成期包括昭和前期，也就是 1945 年日本战败之前的 20 年；发展期包括从战败的 1945 年到 20 世纪 70 年代，也就是到 1980 年前的 35 年时间；繁荣期包括 20 世纪八九十年代的大约 20 年时间；整合期为进入 21 世纪之后的时间。

需要声明的是，日语内部各领域发展很不平衡，每一个人的看法也不尽相同，不宜一刀切，所以本书姑且借鉴社会政治历史的分期，因为学术发展的历史总会在不同程度或不同层面上受到来自社会政治历史的影响，这种影响往往涉及各个学科领域，形成多米诺骨牌效应。因此，这样的分期比单纯以某个特定领域的发展进程为依据更为方便，也更易接受。

（一）萌芽期（1894—1925 年）

1894 年，上田万年回日本执掌东京帝大的博言学讲座。1897 年，他还在东京帝大创设了日本第一个"国语研究室"。同时，上田还积极培养弟子，参与了国语调查委员会的各种调查活动，并且在包括确立标准语在内的一系列国语政策的制定方面起到了主导作用，为初步构建日本近代国语学体系作出了巨大贡献。明治、大正、昭和初期的语言学、国语学乃至国文学的很多大家均出自其门下，如研究朝鲜语的小仓进平、葡萄牙吉利支丹语的新村出等。松下大三郎的《日本俗语文典》（1901）是以当时中国留学生为对象编写的口语语法书，后人评价甚高，但同后来的山田孝雄的《日本书法论》(1908)相比，它是一部实用性很强的书，这从书名承袭了直至明治时期仍在使用的"文典"名的事实便可了然。山田孝雄在《日本书法论》里反省了大概文彦以来日本学者生搬西方语法学说的弊病，借鉴西方的心理学、逻辑学成果，在细心观察日语事实的基础上提出了自己的语法思想和学说。山田认为语法学是为了探讨语言是如何传达思想的规则的学问，这有别于此前的实用性文典类语法学说，在语法研究的独立性方面迈出了重要一步。

除了语法研究以外，1904年日本出版了宫泽甚三郎的《日本言语学》，1908年还出版了大町芳卫的《日本书章史》。总的来说，这个时期是日本人对于本民族语言的特性开始有了比较清醒的意识，并尝试移植来自西方的科学方法进行阐释的时期，这在语法研究上表现得尤为明显，但真正臻于成熟还是要等到下一个时期。因此，这个时期大致上看应属于现代日语语言学的萌芽期。

(二) 形成期 (1926—1945年)

1928年由小林英夫翻译的索绪尔著《普通语言学教程》日文版出版，给当时日本语言学界以很大影响。另外，经过萌芽期的摸索，从20世纪20年代到40年代是山田孝雄、时枝诚记、松下大三郎、桥本进吉四大语法学派基本形成的时期。山田孝雄语法重视内容（意义），桥本进吉语法重视形态，也就是形式，而时枝诚记重视功能，可谓各有长短与特色，但均对后世的语法研究产生了巨大影响。山田孝雄继《日本书法论》之后在1936年出版了代表作《日本书法学概论》，更加全面系统地阐释了他的语法理论。松下大三郎的语法学说被认为是近代日语语法研究中的经典，其中很多观点和理论价值正在得到重估。桥本进吉原本专长于研究古代文字音韵，但对语法也颇有建树，主要特征可以归纳为从语音形式的角度描写语法。1934年桥本出版了《国语法要说》，战后还出版了《国文法体系论》。桥本的语法理论后来被日本学校语法所采用并被广泛应用。时枝诚记是一位出现比较晚的语法学家，他著名的作品是1941年的《国语学原论》。书中极大展现了他的语言理论，彰显了他对语法学的深刻思考，战后他还出版了《日本书法口语篇》和《日本书法文语篇》。在这4个语法体系中，松下大三郎属于洋派，山田孝雄属于国派。所谓国派就是指继承了江户以来的国语学传统，其大部分研究主要围绕助词、助动词展开。洋派就是从建构带有普适各种语言的所谓普通语法理论的目的出发,为此松下建立了很多独特的语法概念。时枝诚记批驳了索绪尔和山田孝雄的语法理论,并创作了一种独具特色的语法学说,其核心是语言过程说。他的理论被后来的学者,如渡边实、北原保雄等人所延续并发扬光大。时枝想到了人类在语言中的角色,这一想法具有预见性,并且被后来很多探究所佐证。

方言研究在这个时期有了初步的成就。上田万年主持的国语调查委员会于1903年实施了全国规模的调查,了解到各地方言的差异。与此同时,东条操尝试根据不同地区的语言特征进行区域划分。

1926年,日本语音学会成立;1938年,日本语言学会成立;1944年,日本国语学会成立。这些学会的连续成立以及语法体系的确定对于日语语言学研究的基础具有关键性影响。可以说,如此一来,现代日语语言学的大致框架已经建立。

(三)发展期(1946—1979年)

第二次世界大战结束以后,日本进入了经济和国家重振的时代,特别是以1964年东京奥运会的成功召开为标志,日本开始迈入了经济高度增长时期。与之伴随着的是整个社会文化事业也得到迅速发展,语言研究呈现出丰富多彩、不拘一格的局面。用一句话概括,就是百花齐艳,蓬勃兴旺。

以20世纪70年代为界,发展期分前后两个阶段。战后,随着西方现代语言学的全面引进和消化,日语研究取得了更为全面深入的发展。1950年,金田一春彦的具有里程碑意义的力作《日本语》问世。1951年,服部四郎的《音声学》出版。20世纪50年代,旨在提高学生修辞水平的传统的"文章学"兴起,特别是时枝诚记在《日本书法口语篇》中将"文章"作为与"语""文"并列的语言单位,奠定了日本篇章语言学的发展基础。日本的社会语言学研究以"言语生活"为开端,早于从美国传入的社会语言学,因而具有鲜明的日本特色。社会语言学研究此时正处于全面上升期。方言研究方面,美国描写主义语言学早在20世纪50年代就被介绍到日本,被日本学者套用到对日语的研究上,特别是对方言构造的描写上,取得了不少成就。进入20世纪五六十年代以后,由东条操、柳田国男等奠定基础的方言地理学大放异彩,取得了突出成就。此外,词汇研究在这个时期受到瞩目,特别是20世纪五六十年代,日本国立国语研究所先后组织实施了一系列大规模的语言调查，计量词汇学在这个时期获得了空前的进步和发展。

进入20世纪70年代以后，外来的生成语法、篇章话语语言学等语言学理论流派相继被引进到日本，给日本的语言学研究带来了新的契机和巨大影响。1973年出版的久野暲《日本书法研究》，就是运用生成语法研究日语的成功之作。5年后的1978年，久野暲又出版了一部从功能语言学角度出发的著作，吸收了生成语法理论，并结合日语事实进行了细致独到的分析，影响深远。这个时期，延续此前的贴近日本现实的独特的社会语言学（以方言研究为特征），日语声调研究等也取得了长足的进步，特别是社会语言学研究从量到质皆可谓达到了顶峰，体现了这个时期语言研究的成熟。这个时期，非语言交际研究方面的信息也被介绍到了日本，起初内容主要集中在跨文化交际方面，最初关注的是英语界人士。

总之，进入20世纪70年代可以说日语研究出现了第一个高峰，这种势头在某些领域甚至延续到了20世纪八九十年代。在这种形势下，1972年世界唯一的定位为普及语言学知识的《月刊言语》应运而生。从世界语言学发展历史来看，这一年正好是乔姆斯基的《生成语法中的语义学研究》和杰肯道夫的《生成语法中的语义解释》出版的时期，也是柴谷方良主编的 Papers in Japanese Linguistics（加利福尼亚大学伯克利分校）创刊的那一年。总之，日本国内外对语言以及语言学的关注在20世纪70年代初期达到了一个高峰。

（四）繁荣期（1980—2000年）

20世纪80年代前后，日本国内外的对外日语教学的繁荣为日语语言学提出了新的课题和视野，同时也带来新的发展契机。1980年，明治书院《日本语学》杂志应运而生，首次明确提出了"日本语学"的用语，刊登了大量有关日语语言学方面的优秀论文，成为那个时期日语语言学全面走向繁荣的标志性杂志。但都没有从根本上改变这个时期以服务于教学为宗旨的实用语法从产生直至走向繁荣的基调色彩。

这个时期，随着对外日语教学的大规模展开，日外对比语言学也取得了迅猛的发展。樱枫社为适应社会普及日语语言学的需要，先后出版了《对照言语学》《日本语概说》《社会言语学》等概说性书籍，同时还出版了包括语法、词汇、篇章话语等分册在内的"个案研究"系列丛书。在对外日语教学中，一直较为薄弱的复合动词研究也是到了 20 世纪八九十年代才开始有了长足进步。对外日语教学的兴盛还促使学者们对不同文化背景下成长起来的人群之间在语言之外的交流方式和过程中所遇到的各种问题予以关注，接下来在报纸等公共媒体上开始出现。总之，"非语言交际"从 20 世纪 80 年代后半期开始进入了公众的视野。

所谓繁荣期，不仅仅表现在社会需求的扩大以及随之而来的实用性研究兴盛等方面，也反映在如下方面：从各领域分布来看，日语研究进入了语法和其他语言学并重的时期，或者说语法独霸天下的局面得到了根本改变，具体地说，从功能、语用、认知等角度研究日语的比重在逐渐加大。也就是说，语言研究的总体趋势是从描写开始转向实用和解释，特别值得一提的是，语用学以及稍后的认知语言学在日本得到了迅速发展，涌现了大量翻译和介绍西方相关理论及研究方法的成果。以认知语言学为例，1998 年 11 月《月刊言语》杂志为认知语言学研究出版了专刊，同年 8 月出版的第 8 期《日本语学》杂志以特集的形式刊载了由山梨正明、工藤真由美、定延利之、沼田善子等一批学者撰写的从认知角度研究日语的论文。《月刊言语》杂志于 2000 年 7 月到 10 月再次连载介绍认知语言学的文章。1998 年日本语用学会和 2000 年日本认知语言学会相继成立，在一定意义上标志着注重功能的语言学流派开始占据了语言研究的主流位置。同这种注重语言的传达及交际功能的大趋势相一致的是，语法方面自 20 世纪 80 年代以后，研究句子的主观态度即语气的研究开始兴起。语气的研究同上一个时期展开的有关陈述的争论有一定的相似性和相关性，日语结构上的特殊性促使学者们从这个角度结合现代语言学的理论重新审视与探索，可以说语气研究至今仍是语法研究的一个热点。

20 世纪 90 年代后半期，日本泡沫经济破产，经济增长始终徘徊在衰退与复苏的停滞状态之中，被称为"失去的十年"，对外日语教学开始走到了拐点。在这种形势下，1997 年明治书院不得不调整曾经销路一直不错的《日本语学》的办刊方针，将所刊载论文重点放在了日本国内的国语教育即语文教学方面。虽然仍不时有涉及日语语言学的精彩论文刊登，但毕竟难以回到创刊之初那样的盛况了。不过，日语语言学研究并没有裹足不前，在进入新世纪后仍取得了十分可喜的成绩。

（五）整合期（2000年迄今）

进入新世纪以后，语用学、认知语言学等语言学流派以更加强劲的势头继续向前发展，特别是从最近的动向看，日本认知语言学会已发展成为日本最大的语言学会。同时，随着人们日益重视语言的传达交际功能，日语语言学研究出现了以下几个倾向：（1）语言学各领域相互渗透的趋势日益明显。（2）研究理论和方法以及视点等方面开始出现重新整合的动向。（3）越发注重语言学成果的应用。总之，与前几个时期呈现出迥然不同的特征，而且未来的动向尚不明朗，故本书称之为整合期。

以语法为例，虽然描写语法仍然是语法学界的一个重要方向，一批中坚学者2001年发起成立了"日本语文法学会"，并且出版了定期刊物《日本语文法》，但语法研究总的方向仍然是出现了多元化的趋势。纯语法研究进步不大的现实促使人们另辟蹊径。例如，较之从前，方言语法和语法史研究受到重视，特别是重视方法论和从语言类型学的角度进行对比。同时，面向教学的实用型语法逐渐进入人们的视野并占据主流位置。

此外，与语法向实用方向转变的趋势相并行的是，一部分学者尝试突破传统的语法界限，从语言的传达交际功能与语言形式之间的关联着眼，开始了包括语音语法在内的一系列新的探索与尝试。例如，由串田秀也、定延利之、传康晴编纂的从语言学，从会话分析和认知科学这三个学科交叉的角度切入，显示出学科交叉与互补的大趋势。学科交叉表现最为明显的莫过于非语言交际研究，需要整合各个学科的资源，除了跨文化交际学、语言学、心理学、文化人类学、传播学以外，符号学、社会学、行为科学、信息科学、经营科学等诸多领域也进一步融合参与了进来。

在日本，随着近年来各大学研究机构的调整、学科的重组以及科研经费的不断收缩，同时日本社会对语言学学科的发展也提出了新的需求。这些因素迫使未来日子里日语语言学研究的方向将更为扑朔迷离，难以捉摸，但有一个大的趋势，就是语言研究离不开人的因素，例如，运用来自西方语言学的礼貌原则研究包括敬语在内的一系列言语行为现象正成为日语语言学研究的一个新的亮点和焦点。另外，随着认知语言学以及对比语言学研究的不断深入，语言类型学研究也逐渐进入了研究者的视野，正在日益成为日语语言学研究中的显学。

第二章 日语语言文化的特征与外来语

本章主要介绍日语语言文化的特征与外来语，下面从三个角度进行阐述：日语语言文化的特征、日语外来语与日语语言文化的特点、日语语言中的社会文化特征。

第一节 日语语言文化的特征

一、暧昧性

日语的文化特色之一是强调社交依赖性，即将"他人"的想法或观点作为制定个人行为决策的参考标准。这种特点表现为，对话者精神集中，避免多话或空话，通过沉默和含蓄的表达方式，让周围的人依靠推测和体察，了解到他们所说的真正意图和意义，从而实现有效的交流。日本人将这种沟通方式称之为"心领神会"或者"以心传心"。石井敏是日本著名的语言学家，他提出了一种交际模式，名为"谦逊—体察交际模型"，目的是准确理解这种交际方式。说话者在发出社交信号之前，需要先考虑听众的各种情况，按照这个模式进行。首先，需要关注自己的非言语传达方式，如面部表情、手势以及整个情境的连贯性，接着进行适度的自我检查，最后再做出口头表达。作为听者，我们需要运用自己的理解能力来补充漏掉的语言信息，以完整地理解讲话者的意思。这是在日语的语言和文化中，以及人与人之间交流中最重要的特征之一。

日本的传统文化强调"体察"，即通过深入体验对方的感受和想法来确定自己的行为标准，尽量避免过多依赖语言交流。要更好地解决问题，我们需要在坚持自己的观点的同时，通过理解对方的想法，以委婉的方式说服对方。很多人开始说话时，会用"尽管您的话很有道理/想法很实际，可是……"的方式表达。

在日本，这种说话方式很受欢迎。在日本文化中，人们非常注重尊重他人，绝不会去伤害或惹恼对方，而是会尽可能地关心对方的感受和需求，并谨慎回应对方的请求或要求。教师在进行学生批评或公布考试、作业成绩时，会格外关注方式，以确保不会损害学生的自尊和情感。因此，在日语中一般避免使用过于明确或过于确定的语言表达方式。尽管有越来越多的人选择坦率直接地表达自己，但对于大多数日本人来说，学会使用委婉的语言表达才是真正成功进行语言交际所必需的。

日本语言文化的暧昧性不仅体现在口语中，而且也反映在写作中。谷崎润一郎的名著《阴影礼赞》生动阐述了这一理论的成功之处。此外，《文章读本》中还有三岛由纪夫具体探讨他的观点的内容。他在书中指出："我这本书从头至尾几乎都在阐述含蓄一词，'含蓄'的意思就是避免冗长和啰唆。"[1] 据他所说，经典文章并不过分地解释和说明，而是在字句之间保留了一些含糊不清的意思，让读者有思考的空间，感受其中独特的美感和韵味。近年来，日语借用外来词的使用频率显著上升，甚至有人认为已经过度使用。探寻导致涌现的根源，除了日本民众喜好寻求不同寻常的外国文化和商品之外，新兴语言所带有的模糊和暧昧的特性也加重了那种难以表达的美感，这也是涌现的原因之一。

二、吸收性

在日本文化的演变过程中，受到了中国汉字、汉文、佛教、建筑、艺术等传统文化的影响并融合发展。在明治维新时期，人们保留了传统文化，同时也积极吸收西方文明，将不同的文化元素融合到一起，形成了明显的多样化特点。日语在体现日本文化的多层面性方面十分突出。日本在吸收外来语的同时，也借鉴各国的先进文化，将其纳入本土文化中，并加以开发和传承。经过不断的培育和发展，日语已经成为一个丰富多彩的语言，蕴含着各种先进文化的精髓。在日语中，多层性主要体现在表记、汉字的发音和词汇分类等方面。

三、创造性

日本一直擅长将国外元素与本土元素相结合，进而创造出具备独特日本特色

---

[1] ［日］三岛由纪夫著. 黄毓婷译. 文章读本 [M]. 南京：译林出版社，2013.

的事物。当日语吸收外来词汇时，不是单纯地照搬，而是在原有基础上进行相应创新。大约在公元2世纪时，汉字被引入到日本。那个时候的日语，只有口头语言而没有书面语言，而书面语言对语言的传播与发展会起到十分重要的作用。日本人认识到了汉字的重要性，并将其视作极为珍贵的财富，大量引入日语中。随着时间的推移，他们对汉字进行了改革，不断引申汉字的意义。通过将汉字的偏旁部首组合起来，创造出一种称为"片假名"的书写方式；借鉴了汉字草书笔画的元素，创造出了"平假名"；借用汉字的字形创造出"国字"；用汉字的繁简特点创造出"略字"。另外，日本人还从汉语中广泛吸收了成千上万的汉字和词汇。这里的汉字和词汇大部分保留了原始含义或有些微差异，但也有许多汉字被日本化，失去了其在现代汉语中所表达的本来意义。在丰田汽车工厂中，有这样一句口号："油断一秒，怪我一生"，不懂日语的中国人，可能根据字面意思理解为："若给机器输油间断，会被终生谴责。"然而，只有"一秒"和"一生"这两个词在日语中的意思与汉语相同。此外，日语中的"油断"意为"粗心大意"，而"怪我"意为"受伤"。这个口号的意思是如果犯错，带来的不良后果可能会持续很长时间甚至是永久性的。显然，日本人能够通过借鉴外来文字的形式，巧妙地将它们本土化，表现出地道的特点。汉字已经在日本语言中扎根深厚，日本人对汉字并不觉得它是外来的，在长期使用中，汉字已被视为日本本土的正式文字。

同样地，除了吸收大量欧美语言中的词汇，日本也在不断创造新的词汇。以英语词汇为基础而创造出的日本式英语词汇，被称为"和制英语"。这些词汇看似源自英语，但事实上在英语中并不存在。很明显，日本人拥有极佳的创造能力，他们吸收外语的目的不止是为了扩充自己的词汇，更为重要的是能够创造出全新的独特语言表达方式。

四、年龄差别性

由于外来语的不断涌入和崇尚外部文化的心理，年轻的日本人在交流中经常使用外语。汉字犹如苦口良药，而片假名书写的外来语则以甘美的糖衣为外壳，但内里却藏有剧毒。用伪造的字母书写的语言通俗易懂，但只有极少数人能准确理解其含义，这造成了人们沟通的重大阻碍。中年及以上的人更偏好于使用汉字，但年轻人在使用外来语方面则更为自如，甚至更倾向于选择外来语。年轻人大胆地运用外来语，使用日语假名表达英语单词，甚至几乎全部使用英文表达自己所知道的日语，而那些未曾接受英文教育的老年人则无法理解。在日语假名中，存在一些无法在英语中找到的音节，因此一些单词发音的方式在英语中并不规范，在发音时会呈现出浓重的日式口音，甚至难以被英国人听懂或理解。

在日本，许多年长者对新兴外来语词汇所知甚少，而年轻人则经常使用这些新词，由此导致了两代人之间语言使用上的差异。这种差异可以归结为两代人生活方式和兴趣爱好的不同，日语语言文化形成了特有的面貌。

五、"内""外"的距离性

与身边的人保持良好的人际关系对于我们在任何社会中都是至关重要的。在日本文化中，人际关系扮演着至关重要的角色。其不仅反映在人际交往的方式上，也呈现为对语言表达极高的要求。不同的人群、年龄、性别、职业、环境和话题都会影响语言表达方式。严格的语言培训在日本几乎所有的公司、机关和企业中都是新员工上岗前的标准步骤。日本人倾向于深入理解他人的内心世界，在别人还没有表达之前就能够感知到他们的意图，同时灵活调整自己的行为方式以适应不同的情境，从而表现出一种具有弹性的交际结构。

要了解日本人那种精细而复杂的表达方式，需要理解他们用语言体现的"内""外"距离思维方式。人类天生有一种能力，可以区分自己和周围环境，并且对环境的事物进行远近划分，这种能力与国家或民族无关。然而，很少有人像日本人那样将根据场合不同而采用不同的语言表达方式，并将之视为与他人交往的重要方面。

在日本人的意识中，核心是自我存在和内在意识的紧密联系。换句话说，看问题的角度以自身的存在为前提。在以个人为核心的命运共同体中，存在着多个同心圆，它们互相交叠。假设将"自我"用深红色代表，那么，从内向外的颜色会逐渐变淡，直至到达边缘，此时会用一条醒目的粗线将其和淡红色的区域分隔开来。在界定"内部"和"外部"的范围时，并没有设置固定的间隔，而是根据深浅差异来进行区分。

在日语中，使用敬语是一种常用的方式来表达人际关系中的"上下级"或"内外"的区分。通常，语言学文献和教材所指的敬语，是指在与长辈或地位高于自己的人交流时使用的表示尊敬的语言表达方式。然而，现代日本社会特别是年轻人已很少有这种意识。现在的敬语首先是"亲近感"的"晴雨表"，在亲密度越高的关系中，使用敬语的频率通常会减少。

第二节　日语外来语与日语语言文化的特点

一、外来词介入日语的发展历程

在语言学界，我们也把外来词称为借词，这是因为为了满足一些需求，我们会从其他语言中借用词汇。

众所周知，语言是文化的载体。正如一个人不能孤立地生存于社会一样，一个国家或一个民族亦不能孤立地存在下去。一国和另一国的交往是必然的，一种语言与另一种语言相互接触亦是历史之必然现象。一个国家的文化需要与外国的文化不断互动，吸收其中的有益元素来丰富自身的文化。孤立发展无法满足其发展需要。语言在学习和吸收外国文化的过程中发挥着重要的中介作用，同时也成了文化现象之一被广泛运用。因此，外来词也可以被看作是社会文化的一面镜子，与接受方的文化体系密切相关。

当今的日本语言中涵盖了大量的外来词，这种现象体现了日本人对吸收外国文化的积极态度。在研究日语外来词的渊源时，可以将它们归为东方文化系和西方文化系两个大类。中国语、朝鲜语、梵语以及东南亚各民族语都属于外来语这一范畴，这表明了古代日本吸收外来文化的独特特色。吸收外来语有很多时期，包括南蛮文化时期、红毛文化时期、文明开化时期以及战后从西方国家借入词汇时期等。在这些时期，日本主要是倾向于吸收外来文化，尤其是在近现代这一阶段。从明治维新开始，可以说日语在外来语领域发生了巨大变化。以前是以中国语为主，但之后欧美语占据了主导地位。这些外来语对日语和日本文化产生了深远的影响。

外来词是社会语言学研究中的一个重要的话题，它包含着多个不同的组成部分构成的复杂结构。日语中的外来词可以分为两类：广义的包括东西方文化系的外来词，而狭义的则仅指西方文化系的外来词。然而，当前所谓的外来词已经变得更为特定，指的是一种更为有限的范围。准确地说，现代外来词指的是西方文化圈引进的外语词汇、从东方文化国家语言中借用的词汇，以及由日本人根据其语言特点仿效西方语言创造的"和制外来词"等词汇，这些词汇的总和构成了现代外来词的范畴。汉字中借用自东方文化国家的外来词在使用上一直被忽视。通常情况下，日本人不将它们归类为"外来词"，而是将其称为"汉语"词汇之一，这些单词的性质与日语中的其他"和语""外来语""混合语"之间存在差异。

有很多原因导致汉语词汇被认为是非外来词。首先，与欧美语言相比，汉语词汇早已经传入日语，历史悠久。自公元4世纪前后开始，汉语在日语中广泛应用，并一直流行至室町时代，在西方文化传入前，方才逐渐减少。汉语词汇在日语外来词中占据了近乎垄断地位。相较于言语的价值，其所代表的文化价值更加显著；其次，在日本，人们常用"汉语"一词代表汉字文化和文字表达。这是因为随着汉字传入日本，许多汉语词汇也被引入并在日常生活中被广泛使用。起初，日本没有自己的文字，因此他们开始使用汉字来书写日语。虽然后来他们创造了一种新的文字系统——假名，但汉字仍被视作"官方"指定用字，并且汉字所代表的大量汉语词汇至今仍被广泛使用。最后，汉字具有表意性，日本人依据汉字的组合方式构造了许多"和制汉语"，使得本来的汉语词汇和日本创造的词汇难以区分。因此，日本人认为"汉语"词汇不应被看作外来词，而应被视为日本文化的一部分，并在此文化中拥有独特的"同文共种"的地位。

16世纪前期，也就是天主教传入日本的时期，是外来词汇开始涌入日语的第一个浪潮。在1530年，一艘葡萄牙船只在前往中国宁波的途中受到了台风的影响，导致船只漂流至今天的日本大分县的丰后府内。由于船员带着的物品引起了日本人的兴趣，这便开启了日本人与西方人的首次交流之门。接着，葡萄牙船只陆续在日本南部地区登陆，开始使用拉丁文和葡萄牙语宣传基督教信仰，并从事商业贸易活动。为了推动贸易，日本藩主允许传教士在其领地内传教，建立各种社会福利机构，如教堂、学校、医院和养老院等。随着西方文化的传播和贸易活动的不断扩大，葡萄牙语词汇开始渐渐进入日语中，成为外来词的一部分。在1603年，日本出版了一本名为《日葡辞典》的书，其中收录了32,000个词汇，规模可谓宏大。研究表明，在当时的日语中借入了葡萄牙语1000个以上的词汇。

"红毛文化"崛起的同时，第二个浪潮也随之出现。1609年时，一艘荷兰商船抵达平户,并提出与日本开展贸易的请求。得到许可后,他们在平户设立了一个商人驻扎处。自1639年日本实施闭关锁国政策以来,荷兰保持着与日本之间的贸易特权,几乎掌握了西方和日本之间的贸易市场的主导地位。随着贸易的增加,荷兰语的传播让日本人对西方的先进医学、药学、天文学、地理学、物理学、化学和数学等科学文化产生了极大的兴趣。这股热情很快传遍全国,引发了"兰学热"的热潮。因而,在日语中也存在着许多源自荷兰语的外来词。

从19世纪中叶起,英美文化逐渐传入日本,日语外来词的发展出现第三波浪潮。美国的彼利率军舰在1853年6月访问日本,这次事件引起了日本人对于学习英语以及融入英美文化的重视。自此之后,日本与外部世界的关系发生了剧烈转变。同年七月份,代表俄罗斯的特使到达了长崎,递交了一份国书。随后,在第二年的一月份,这位特使再次来到日本并签署了《神奈川条约》。1856年,美国总领事哈利斯抵达下田,之后在1858年,荷兰、俄罗斯、英国和法国先后与日本达成了通商条约。此后,西班牙和比利时也与日本签署了类似的条约。这一系列事件使日本开始步入欧化主义的时代。因此,多种语言,如英语、美语、法语、德语、俄语等,欧美文化的词汇就像汹涌的海潮一样持续地涌入日语中。日语中的外语词汇来自多个国家,尤其以英美国家的词汇为主,在此基础上,日本人形成了"和制英语",并创造出了与西方词汇相结合的"混血外来词",这些词汇直接影响了日语的发展。

第四波浪潮指的是自二战结束以后,美国文化对日本产生的巨大影响。显而易见,日语也从其他西方语种中引入了大量外来词汇,但是美式英语对于日语词汇的影响程度是其他语言所无法比拟的。在这个时期,日本社会对外界更加开放,更容易接纳西方人。这个时期也是历史上日本人和西方人直接接触范围最广的时期。战后日语外来词带有鲜明的美国文化色彩,这是因为美国在政治、经济、社会文化等多个领域对日本产生了强烈的影响。

二、外来词与外国文化的传入

(一)外来词与外国文化的关系

在语言学中,存在一类词汇叫做外来语或借词。这些词汇是由于某些原因被一种语言采用、引用另一种语言的词汇。外来语是指在某一语言系统中，由其他语言借入并被承认为该语言的词汇或语法形式，它是语言学研究的一个重要方面，同时也是社会文化现象的一部分。

众所周知，语言是文化的产物，它既是文化的延续方式，也是社会进步的推动力。语言的演变常常是社会需求的结果，而社会的需求常常会塑造语言的走向。当一种语言需要从另一种语言借用词汇来填补自己在特定领域的词汇空缺时，这往往说明这种语言的使用社群需要学习并吸收外部语言所传达的相关内容。换句话说，借用词汇是为了适应社会在政治、经济、科学、文化和技术等方面的发展需求。外来语既可以借鉴外部文化元素，又可以同化吸收到本土语言中。研究语言中词语的借用现象，可以将外来词分为不同类型，并进一步分析不同国家、不同时期民族之间的关系历史。通过这种方法，我们可以了解各民族文化之间的相互交流、相互影响，以及它们之间的渊源关系。

自古以来，日本一直非常热衷于融合外部文化。这种热情不仅表现在积极接纳外来文化的过程中，同样也意味着大量外来词汇的引入。日语中涵盖了许多品种和数量无法计数的外来词，这些来自中国和西方的词汇多种多样，令人惊叹其规模之大和丰富多彩的种类。这些语言材料方便且有助于我们研究日本的对外关系、文化交流和社会发展。这些资料的研究不仅能帮助我们了解日本对外来文化的总体接受情况，还能揭示日本特有的接纳外来文化方式。

（二）汉语词汇与中国文化的传入

在日本古代与中国文化接触的时期，日语开始引入外来词。据历史记录记载，中国文化最早是通过朝鲜半岛而间接渗透到日本的。根据《古事记》和《日本书纪》的记录，阿直岐和王仁是在公元304年抵达日本的百济学者，他们携带着10卷汉文《论语》和1卷《千字文》。由于王仁对经典非常熟悉，所以神天皇派遣太子葛道稚郎子来拜访他，请他传授经书知识。还有一段记载称，中国的弓月君在应神天皇14年的时候，带领着他的120名部下和一些当地民众，从百济前往日本，并传授给他们农业、养蚕和机织技术。据此观点，这意味着中国大陆的文化被全面引入日本，推动了日本人对中国文化的广泛认同和学习。

在古代日本，人们并没有自己的文字体系，只有口头语言。因此，他们想要学习中国文化的时候，不得不学习中文的语言和文字。随着中国文化进入日本，语言文字逐渐被日本人所接受。在中国南北朝时期，汉语词汇已经开始广泛渗入日语中，其中包括"五经""礼记""论语"等儒学术语，以及钱、笔、纸、绘画、丝绸、匙子、筑城、马匹、梅花、竹子、蝉鸣、君主等日常生活用语。这些汉字词的发音都起源于中国长江下游地区，被日语称为"吴语音"。这表明在古代，朝鲜、日本与中国南朝之间的联系非常密切。由于传入日本的时间非常早，某些词的发音已经与汉语借词有所不同，很难判断它们的来源。

公元552年，中国南北朝后期，百济的圣明王向日本天皇进贡了一尊佛像和一些使用汉字书写的经论。此后，佛教在日本飞速传播，许多统治者如圣德太子、圣武天皇和光明皇后等也开始信奉佛教。从那时起，梵语的词汇开始逐渐流入日语，可见中国佛教及其文化对日本的深刻影响。

公元607年，日本派遣了小野妹子作为圣德太子的代表，首次前往隋朝，正式开启了日本与中国之间的直接交流关系。从630年开始，历时200多年的13次遣唐使活动，是中日交往达到巅峰的重要事件，其中包括小野妹子二次访隋。在那段时间里，许多来自日本的学生和僧侣前往中国留学，致力于学习中国的语言和文化。当然，还有一些中国知名的佛教大师（如鉴真），前往日本宣扬了中国佛教及其文化艺术。随着文化交流的增强，汉语词汇在日本得到广泛采纳。中国唐朝时期对日语的影响导致日语中的汉语词汇大幅度增加，并且这些词汇的应用范围也逐渐扩大。可以说，在该语言中，我们可以看到佛教思想和佛教艺术方面的词汇明显增加，同时也可以看到新出现涵盖了政治、经济、社会、文化、科学、技术、思想、教育、历史、地理、医学、美术、文艺、风俗礼仪以及日常生活等各个方面的词汇。这些词汇的使用范围和内容，充分体现了盛唐时期日本对中国文化的广泛学习和深刻的吸收。

由于诸多因素的影响，894年日本结束了对唐朝派遣使节的惯例，进入了一个将中国文化融入本国的改革时期。尽管如此，人们之间的非官方联系并未中止。中国拥有灿烂的传统文化，日本深深地被其所影响，使得日本一直在从汉语中不断吸收新的词汇，这一现象一直延续到日本明治维新之前。然而，与古代中国唐朝时期相比，后来无论在数量或范围上都出现了明显的差异。在中国的元、明、清朝，日语所吸收的汉语词汇主要局限于禅宗和日常文化领域，如和尚、提灯、看经、椅子、蒲团、瓶、铃、烧麦、麻将、馒头等名称。可以根据所吸收的词汇来判断，自近现代以来，中华文化的影响和中国国力有所衰退，同时日本对中国文化的依赖程度也在逐渐减弱。

日语自古至今汲取了大量汉语词汇。这些术语被广泛运用于政治、经济、文化、社会、宗教、科技、历史、思想、教育、地理、医学、美术、文艺、风俗礼仪和日常生活等众多领域的语言表达中。在日语中，人体解剖、动物、植物以及矿物等方面的大多数词汇都源自汉语，这些词汇不仅增加了日语的词汇量，还使得日语在这些领域具备了与汉语相似的表达能力。

（三）西方语言词汇与文化的传入

自16世纪中叶起，日本开始与西方文化展开了接触。自1549年葡萄牙的天主教教士第一次抵达日本鹿儿岛以来，直到1582年，已有59位传教士陆续来到日本，并建立了超过200座教堂。这些努力导致了信徒的数量迅速增长，达到了15万人以上的规模。在这一时期，大量的葡萄牙语词汇进入了日语，并且主要集中在天主教用语以及商贸涉及的服装、食物、器具等日常用品的名称上。根据数据，仅在天主教内部，使用语言就超过了500种。接着葡萄牙、西班牙于1592年，荷兰于1609年，英国于1613年也相继前来与日本建立了贸易关系。由于贸易与宣教的促进作用，尤其是1591年活字印刷机和印刷技术进入日本，为日本接纳外来语言提供了便利，导致日语中的西方词汇不断增加。

在与西方接触的历程中，日本在贸易方面受益匪浅。然而，逐渐有人认识到传教士的真实目的是将日本变成殖民地。于是，自1639年开始，日本实行了锁国政策，停止了除荷兰外任何西方国家的往来，并禁止传播西方书籍。在长达两个多世纪的锁国时期，荷兰是日本唯一可以进行贸易的伙伴，同时也是日本了解西方文化的唯一渠道。1720年，日本取消了对西方书籍的禁令，使得荷兰语被广泛地用于研究和吸收西方近代文化。这一举措掀起了"兰学热"，在日本起了很大的作用。

通过荷兰语接触西方文化的范围十分广泛。现今，荷兰语外来词汇主要涉及现代科学用语，如医药、天文历法、地理学、物理学、化学、数学、哲学、经济学、法学等不同领域。此外，还有与贸易相关的词汇，包括海货运输、服装、食品以及日常用品等。从中可以观察到"兰学"对日本近代科学的影响以及他们所遗留下的印记。

19世纪60年代，美国首先用武力强迫处于封建社会后期的日本打开自己紧闭的门户。随后，英、法、俄、德等国相继涉足日本，并分别与日本缔结了通商条约。西方文化开始如潮水般涌入日本，同时西方各国的语言词汇也不可避免地被植入日语。

三、日本吸收外来文化的原因与特点

（一）日本吸收外来文化的原因

跨越不同国家或民族的语言交流是非常普遍的。日本每天都会吸收大量的外来词汇，因此成为世界上出版外来语词典数最多的国家之一。几乎每年都会有一本新的外来词汇词典问世。日语通过吸纳外语词汇，拓展了词汇量，接纳了各国先进文化和科技，促进了国内文化与外国文化的交融，推动了经济的发展。

1. 语言发展的趋势

在当今现代社会中，不同国家之间的互动频率越来越高，导致语言之间难以彻底隔离。当与日语接触时，经常会遇到许多无法翻译成其他语言的词汇，或者即使有翻译，也无法完全传达其含义，只能采用其他语言的表达方式。随着社会对知识需求的不断增加，越来越多的人对未知领域充满向往。随着人们不断地学习和探索，他们会逐渐接受和运用外来语言所表达的新事物和概念。由于越来越多的人愿意主动接触陌生的信息和知识，因此外来语在日语中的使用也得以快速扩展。"语言，像文化一样，很少对他们自己满足。由于交际的需要，使说一种语言的人们直接或间接和那些临近的或文化优越的语言说者发生接触。"[①] 随着与其他语言的不断接触，日语逐渐吸收了大量外来词汇，并因此变得更加丰富和发展壮大。随着国际间的日益融合，为了更好地与国际社会交流，日本人不可避免地会将大量外语词汇融入本国语言中，以适应社会发展的需要。在日语的发展趋势中，吸收外来语的数量不断增多，不断涌现新的外来语。

2. 日本人的新鲜心理

在日本文化中，人们认为新事物更有价值。因为外来语是一种新近出现的语言元素，因此在人们心目中留下了一种时尚、新鲜、高雅的印象。日本人，特别

---

① 罗常培. 语言与文化 [M]. 北京：北京出版社，2004.

是年轻的日本人，喜欢使用外来语，很少了解日本传统文化，更热衷于探索外部世界和新鲜事物。面对新奇事物的刺激，他们很容易快速接受。有些年轻人认为如果频繁地使用外语，就能更好地彰显个性。

此外，日本人常用含蓄的说法来表达自己的想法。在某些场合下，使用直接的日语表达可能会显得有些粗鲁不文雅，但使用外语表达反而可以让人产生高雅、不粗俗的印象，所以日本人常常喜欢在交流中运用外来语。

3. 不同方式的外来语传播

现代社会，报纸、电视和网络等各种方式为外来语的传播做出了极大的贡献。报纸是一种媒介，它呈现了社会、文化、科学、国内外政治生活等多个领域的内容。为了让读者更易懂，新闻记者需要借助外语表达。电视在社会中也扮演着重要角色，不仅为人们提供了丰富多样的信息，还为大众提供了娱乐休闲的途径。在日本的电视广告中，有着更多的使用外来语的现象，这是因为使用外来语能够更好地吸引观众的注意力。很多国际品牌也得益于电视广告的宣传，变得更加知名。概括而言，语言是文化中一个极为重要的成分，而外来语在日语中扮演着不可或缺的角色。随着时代的发展和全球化的趋势加深，外来词汇的不断涌入是个不可避免的趋势。有些外来语随着时间的流逝逐渐淡出，同时也有一些新的外来词迅速取代了现有的外来词。在全球范围内，语言的演变是不可避免的，因为它与社会发展息息相关。从日语所借用的外来语的来源来看，日语吸收多种语言的精华，将其融入本国语言，从而实现了本国文化和世界各国文化的交流和融合，形成了独特的语言文化。在日语语言文化的境界中，常常可以发现其他国家语言文化的痕迹。这表明日本的语言文化和世界语言文化紧密相连。

（二）日本吸收外来文化的特点

1. 吸取性

如一位日本学者所说："日本人对于外国的文化，并不视为异端，不抱抵触情绪和偏见，坦率地承认它的优越性，竭力引进和移植。"[①] 日本吸收中国、朝鲜、印度、葡萄牙、荷兰、西欧和美国的文化时就是如此。在历史上出现了几个外来文化吸收的高潮，比如在大化改新前后吸收隋唐文化、在明治维新时期吸收西欧

---

① [日]高桥龟吉著；宋绍英，等译.战后日本经济跃进的根本原因[M].沈阳：辽宁人民出版社，1984.

文化和在二战后吸收美国文化。这些外来文化的特点被日本在全国范围进行了全方位的吸收。在世界历史上，很少有像这样广泛而深入地吸取各种不同文化之精华的例子。

2. 混杂性

最能体现语言混杂性的例子，非日语莫属。在现代日语中，除了汉语以外，大量涵盖了多种语言的外来语。有些人形容日语是"遭受外来语蹂躏的日语"，是"无国籍语"。日本人在宗教信仰上不仅尊崇本土的神明，还对中国、印度以及南方地区的神灵表示敬意。在节日方面，日本人不仅庆祝日本本土的节日，也庆祝中国和西方的节日。在日常生活的方方面面，无论是饮食、着装、居住或其他文化习俗等方面也同样如此。战后到日本访问的苏联作家爱伦堡曾说："任何一个日本人，每天要过几小时欧美式生活，也要过几小时传统日本式生活。在日本人中，不同的世界同时共存。"① 研究日本文化的学者们，出现了多种不同的术语来描述日本文化的本质。虽然这些术语褒贬不一，但它们都展现了日本文化的多样性。

3. 保守性

尽管日本文化吸收外来文化，但同时也将自己的传统文化视若珍宝并加以保护。就像相扑一样，至今仍然保持着传统风格，深受无数日本人的喜爱。又比如，唐代的雅乐在传入日本后代代相传，最终成为现代日本文化传统的重要组成部分。其中如《太平乐》《兰陵王》等乐舞，在我国早已不复存在，然而在日本虽经历一千余年，仍完璧如初。此外，像俳句、茶道、花道、柔道等传统文化元素，不仅依然存在并充满活力，一些甚至在国际舞台上也获得了广泛认可和推广。在昭和初年，一位来自德国的记者曾目睹过昭和天皇登基仪式和大尝祭，并对日本这个民族提出了感慨。他认为，日本人不仅喜欢追求新奇，而且还坚持高度尊重古老风俗的传统习惯。在外来文化浪潮的不断冲刷面前，日本的传统文化表现出很强的抗"水土流失"能力。

正因为具有这三种特性，日本文化在吸取外来文化时，才表现出类似于明智玉子的既矛盾又完美的举动，即将本国优秀的传统文化元素与外来文化的优点并蓄，创造出一种全新的文化形态，适应本国的发展需求并富有特色和内涵。

---

① 武安隆. 文化的抉择与发展：日本吸收外来文化史说[M]. 天津：天津人民出版社，1993.

第三节 日语语言中的社会文化特征

一、文化要素的语言行为

每个人都有其独特的性格特点,就像社会群体也有着其独有的价值观和传统习俗一样,这种独特的社会群体性格被称为"文化"。总体而言,文化是由群体中的人在后天创造和保持的,作为一种传统的思维方式和生活方式,由群体成员代代相传。更加详细地说,文化是由知识、信仰、艺术、道德、法律等构成的复杂精神与行为模式的综合体,同时也是人作为社会成员所获得能力、习惯和思想等方面的总和。

然而,在讨论文化时,群体通常以民族为最基本的单位,因为群体具有不同的规模和阶层结构,但它们都是保持文化传承的单位。实际上,在地球上,人类在不同的领域占有一席之地,并在各自领域的历史中创造了不同的文化,这导致了民族这样独特的群体单位的形成。因此,文化与其民族具有同等重要的存在意义。民族作为文化共同体的一种代表,是最坚定和根本的群体身份的传承者。为了与民族文化区分开来,我们将家族、职能集团、地域社会等民族层面之下的群体称作"下位文化"。

文化是一个庞大的综合体,其中包括制度、技术、文化遗产等多种元素。然而,文化的本质在于代表了一个民族的价值观念,并展现了这些价值观念的行为方式。群体成员的行为包括语言行为,其是人们在社会生活中最普遍的行为之一。语言行为是人们与其他成员交往的基础,可以说是社交的核心。人类的语言行为是受到环境因素的影响和制约的。自然环境和社会环境都有其独特的规则和秩序。这些规则和秩序是根据民族和社会文化的形成而来的,它能够明确规范人类所有的行为。若不遵循这些准则,人类行为就会变得难以理解和协调。

文化和语言都是一个民族所独有的元素。如果我们将文化视作行为的形态,那么语言行为则是其中最为重要的方面。因此,语言行为的模式也是一种关键的文化要素。本民族人习以为常的惯例,在与其他民族人交流时若违背这些传统惯例,将会引起本民族人的强烈不适,从而导致交流受阻。"因为每个民族都以自己的文化为中心，都把自己文化对世界的看法看作是人类的常识，因此难以接受他文化。"[1]

仅靠了解语言规则并不足以确保正确运用语言，而错误的语言使用可能对社会生活带来负面影响。根据社会语言学的观点，在交流中，若存在文化上的误解，比语法上的错误更容易引起人们的不满。

文化和语言是相互关联的，它们共同构成一个统一体，文化是语言的核心内容，而语言是文化的表达方式。如果想要掌握日语，研究日本社会和文化则必不可少，因为没有这方面的了解，就难以真正掌握日语的精髓。

二、日本人与语言交际

语言是由文化共同体所使用的语言。人们使用语言时，不仅体现了自身的个体属性，还受到所处的民族和社会环境的影响，从而形成了密切的联系。通常人们将西方社会视为个体主义文化，将日本社会视为集体主义文化，这是在探究民族性方面经常使用的评判标准。个体主义文化社会的人具有独立思考和交际能力较强的特点。在集体主义文化社会中，人们常常呈现出相互依赖的倾向，缺乏独立思考能力，且在社交方面表现不够娴熟。人的社交性必然会在他们的言谈举止中得到显现。人们的行为特点常常受其人格结构影响，而人格结构则通常与其所处的文化和社会结构密切相关，因此不同民族的人表现出的行为特点亦有所差异。这可以被看作是人格、社会和语言行为之间复杂的相互作用关系。

通常来说，一个人的性格是由两个部分构成的：先天性的天生个性和在家庭、学校和社会中所养成的惯性习性，后者通常受到所处文化的影响。社交性特点和习惯性性格从民族和语言行为的角度来可以看作是等价的。在西方社会中，人与人之间的社交关系比较密切，而在日本社会中，人与人之间的社交关系较为疏远。社交层可以被称为"对人粘着层"，它指的是与外部世界接触时允许他人参与的范围。人际交往能力强的人擅长社交，而人际交往能力较弱的人容易受伤害。因为日本人担心受到伤害，所以他们的语言行为具有多种特征，比如避免过于激烈的措辞，避免与他人争论，倾向于使用间接的表达方式，以及喜欢使用含蓄委婉的措辞。这与日语中缺乏脏话和骂人的词语有着密切的联系。一个人的社交层厚

---

[1] 申小龙.社区文化与语言变异——社会语言学纵横谈[M].长春：吉林教育出版社，1991.

度也显示了他们的独立性和自信程度。由于缺乏自信，在意他人的评价，因此形成的所谓"耻辱文化"也与这相关。

社交层薄会导致民族心理和文化特征上的自我保护。这展现了日本文化中的"群体心理"或"群体主义"特点。这种特点在日本社会生活中必然显现出各种方面的特征，塑造着这个民族的行为模式。它对日本人的语言、言谈举止和社交方式也产生了规范性的影响。

日本人非常注重集体意识，因此他们在行事时通常以自己所属的群体为基准。由于家族意识和家族结构的影响，日语中存在着类似于"国铁一家"的独特表达方式。同一群体以外的人在日本被称为"外者"，日本人对这些人的态度与内部群体截然不同，他们会保持距离并排斥他们。当与"外者"交往时，日本人通常会频繁地鞠躬并使用敬语。此行为的文化背景源于向他人保持一定距离，以保护自我。

在集体主义社会中，日本人坚持的另一种行为准则是"序列"。人们严格遵循"序列"，根据年龄大小、地位高低、身份贵贱、资历长短以及经历先后的先后顺序来安排他们的行为。在交际中，如果先加入的人已经开始使用敬语，后加入者应该注意保持对先加入者的尊重，不能直呼其姓名。如果不注重此类细节，可能会被认为是"不知分寸""不知自量""狂妄"，遭到他人排斥。

因着以集体为中心、以和为本以及注重地位的价值观，日本人的思想和行为受到了很深的限制，从而塑造了众多与众不同的个性特征。首先，日本文化十分重视社会声望，人们常常受到他人看法的影响，对外界持有一定的恐惧感。因此他们善于敏锐地察觉他人的想法和感受，但对于主动与人交往不够熟练，与陌生人接触时感到一定的紧张和羞怯。其次，日本人相信群体是由相互之间的利益关系构成的，并强调"义理人情"以及视"报恩"为美德。人类从出生起直到成年都需要报答父母的养育之恩，即便是一次简单的用餐或是喝一杯茶，也都不能忘记报答。因此，日本人常常表达的"谢谢"，是真挚而不虚伪的话语。再次，由于日本文化强调依从性，导致日本人在社交方面不太擅长，常常表现得内向和羞涩，而这种行为模式则源于"克己"的自我抑制。在人际交往中，日本文化强调"沉默"是一种美德，而善于"以心传心"则倍受尊敬，相比之下，太过喜欢说话和争辩的人则可能被人看作缺乏素养。所以，日本人通常避免与他人争辩或争论，并在与他人交谈时尽可能地倾听、少说话，并且很少表达自己的看法和观点。最后，即使日本人有明确的观点，也不会直接地表达"我认为是这样的""我的意见是这样的"，他们这样做是为了表明自己不会强加自己的意见于他人，给对方留下思考和判断的自由。这种使用语言的方式通常难以被外国人所理解，认为其是含糊不清的，并且可能会引起误解。

三、日语的交际规则

我们的目标是破除文化障碍，与日本人进行高效的日语交流。为此，我们需要了解日本人及其语言交际所具有的社会文化特征。

与不同文化背景的人进行交流时，经常面临着困难。交际是文化的一种方式，而交际则包括语言交际。因此，在考虑语言为交际工具的时候，语言能力就成为必不可少的条件，缺乏语言能力的交际是不可行的。除了语言能力外，理解与交际对象的背景和文化也是交流的重要一环。若缺乏对交互对象的了解，则难以有效地进行交流，这种了解可以被归为文化能力。语言的交际能力是由语言能力和文化能力共同构成的。语言的交际能力涉及语言和文化之间交集的部分，其中不仅涵盖了语音、文字、词汇和语法等语言层面的规则，也包括了一般交际中的规则，如果违反这些规则将会影响交流的顺畅。

（一）启动规则

当与来自不同文化背景和使用不同语言的人交流时，最具挑战性的方面在于如何启动对话以及如何进行交流。这里面既有文化规则，也有语言规则，在这里权且称为启动规则。

当和日本人交流时，最先面临的难题通常是如何进行问候。在中国，经常用"吃饭了吗？""上班去啊？"这样的话来问候人们。这些语言都有表达友好问候和打招呼的功能。相较而言，日本人强调的是对他人行为的称赞以及群体融合，而不是关心对方的个人私事。在交流时，即使不同意，也应该表示支持，而不是拒绝回答，否则会影响交流的进行。

当人们初次见面时，通常首先进行自我介绍。在这方面，日本人的惯例是先介绍自己的身份和背景，而不能首先询问对方的姓名。在日本人的自我介绍中，更注重对方所属的单位和职务,而不是姓名。因此,如果没有在自己的姓名前加上"某某公司的""某某大学的",日本人可能会感到困惑,不知道如何与对方交际。

通常情况下,日本人在进行商务会谈之前,会先抽出一些时间讨论对方感兴趣的话题,如天气、时事热点等引起共同关注的话题,这样可以加深彼此之间的交流,增进感情基础。由于日本人在与陌生人或外来者交流方面的不足,因此这一步骤显得至关重要。如果想与日本人交流并建立良好的关系,应该避免过于自我关注而忽略对方。同时,也要避免使用夸张或者过于自信的言辞,因为这可能会让日本人不信任你,并对你产生不好的印象。特别是长者在场时,发言权通常掌握在长者手中。除非长者开口说话,否则保持沉默是比较好的选择。以连珠炮的方式向长者提问或强行拉他进来谈话,是极其失礼的行为。

(二)参与者规则

单方面的人际交往不成立,交际必须有互动参与。交际体系中的参与者相互连接并形成网络,进而制定参与规则。

在与日本人进行交际时,需要特别关注到身份等级和组织内外的关系,这些因素通常与经济利益息息相关。在不同的关系中,人们的行为表现以及所使用的语言风格都会有所不同。一般而言,当与长者、外界人士或为自己带来利益的人交谈时,应当表示敬意。这包括使用敬语、使用尊称、保持适度的谦虚姿态、选择适当的话题,并在交流中尽可能考虑对方的需求和期望,确保不会造成冒犯。在与两个或更多的日本人交谈时,必须善于观察和分析他们之间的相互关系,以确定应该把最大的交际注意力放在哪个人身上。切忌只关注较低位置的人而忽略较高位置的人,因为这会违反日本人的严格序列制度,这是不可接受的。

(三)内容规则

在语言交流中,通常都会有特定的目标,这些目标往往通过所传达的内容来体现。就在与日本人交流时而言,提及彼此熟知的事物、地点、共同的经历和兴趣,都是极好的聊天话题。在日本,人们通常不会避谈本国的社会、政治、宗教等话题,他们往往乐于表达自己的观点,同时也乐于倾听他人的想法。然而,讨论天皇问题通常会回避,因为在日本人的观念中,天皇是个非常微妙而敏感的话题。通常情况下，日本人并不喜欢别人询问他们的收入、财产和年龄等个人信息，认为这些属于私人隐私。

在日本文化中，人们不太习惯表达个人观点和愿望，也不太喜欢过多谈论自己。他们更倾向于通过非言语的方式来表达自己的想法和意图。当涉及这些问题时，人们通常会用非直白的措辞来表达，以示委婉和含蓄，如果对方能够理解这一点，交流就会流畅进行。在日本文化中，人们倾向于在面对面的交流中对对方进行赞美，但这种赞美并非出于善意，而是期望得到对方的感激和自我贬低的回应，而非完全接受赞美。

在日本的交谈中，人们经常会听取对方的意见并附和点头，这是一种礼貌的表达方式，表示"我认真地聆听您的话"，而并非表示同意对方的观点或看法。日本人常会使用委婉的语言方式来表达否定意见，这通常表现为先肯定对方观点，再通过转移话题或保持沉默的方式来回应，其目的是为了避免伤害对方感情，从而保持良好的人际关系。

第三章 日语翻译与文化形态

在简单了解日语语言文化的基础上，本章对日语翻译与文化形态进行简单的叙述，依次是翻译的得体性与准确性、翻译的意识形态、语言翻译以及文化翻译。

第一节 翻译的得体性与准确性

"得体性原则"是语言交际的最高原则。这无论是对母语的使用，还是对外语的使用都是适用的。要想做到得体，除了对语言知识的要求外，还需要对该语言的文化背景、思维方式等有足够的了解。这对母语使用者来说已不是一件易事，更何况是外语。再具体到翻译，要想在准确的前提下保证得体，无疑是难上加难。近年来，在接受了语用学和认知语言学的理论和方法后，我们对准确性和得体性有了一些新的认识。特别是要在保证准确的前提下做到得体，仅靠所谓的翻译技巧是远远不够的。

准确性是翻译的标准之一，这一点是不言而喻的，而得体性是语言交际的最高原则，是语用学研究的范畴。

一、何谓得体性

得体是语言交际的最高标准。关于得体的概念，众多学者从不同角度予以了解释。陈光磊指出："要求说话合乎使用的文化规约，也就是说的话在社会的人际关系的表达方面是正确的、合适的——这讲究的是语用的得体性。"[1] 温云水指出："根据汉语的特点，我们认为'得体'的'体'应该体现在以下三个层面上，即语言层面、言语层面和语法层面。"[2] 王希杰先生在《修辞学通论》中指出："得体

---

[1] 翟麦生.汉语交际得体性研究[M].北京：中央编译出版社，2020.
[2] 翟麦生.汉语交际得体性研究[M].北京：中央编译出版社，2020.

性指的是语言材料对语言环境的适应程度。"① 以上三位先生分别从语用学和修辞学的视角界定了得体性。

在语言的交际过程中,能否圆满地完成交际任务,是否得体,被摆在了头等重要的位置。翻译不仅要使译文的读者或听者获得与原文相同的信息,还应该通过得体的译文使读者或听者领略到或产生与原文所表露的相同的感情。

二、何谓准确性

谈到翻译标准,在国内近代翻译史上最具影响力的当推严复的"信、达、雅"。所谓"信"即忠实原文;"达"即文字通顺;"雅"即文字优美。诚然,对于这一标准百年来仁者见仁,智者见智。本书无意做更多的阐释,只是觉得把"信"放在首位,是站得住脚的。这里的"信"和"准确性"是一致的。鲁迅也曾指出:"凡是翻译,必须兼顾着两个方面:一当然是力求易解,二则保持着原作的风姿……"②

国外也不乏对翻译标准的论述,这里不再赘述。

基于对以上引用的观点的理解,"汉译日教程"中的"准确性"所做的界定可以归纳为两点:一是正确,即忠实原文。当然这并不是意味着机械地把原文逐字翻译,而是在正确理解原文的基础上,忠实地翻译出其内容。二是易懂,换言之,要符合读者所用语言的语法、修辞和语言习惯。

以上,我们分别探讨了准确性和得体性,二者的关系是相辅相成的。换言之,光有准确性,或许能传达与原文同样的信息,但如果文字不合乎语言使用国家的文化规约,不符合该国家语言、言语和语法层面的规则,仍不能算作得体,不得体的翻译文字也很难说能忠实地、等量地传达原文意思。简言之,这种所谓的"准确的翻译"仍不能算作上等的翻译。相反,符合了得体性,但对原文的理解有误,同样不能传达与原文同样的信息。可以说在翻译的问题上准确性是基础、是前提,得体性是锦上添花。

---

① 王希杰.修辞学通论[M].南京:南京大学出版社,1996.
② 刘伟强,程存燕.汉英词句理解与翻译[M].开封:河南大学出版社,2004.

第二节 翻译的意识形态

著名语言学家罗曼·雅克布逊把翻译分为"语内翻译""语际翻译""符际翻译"三类。"语内翻译"即同一语言内的翻译,如我国把《史记》等古典译为现代白话文,日本作家谷崎润一郎把日本的古典《源氏物语》译成现代日语的翻译活动;"语际翻译"是不同语言之间的翻译,如把英国莎士比亚的戏剧、拜伦和雪莱的诗歌等作品译成汉语,或者把中国的古典名著《红楼梦》、唐诗宋词等译为日语等翻译活动;"符际翻译"则是用非语言符号来解释语言符号的翻译,如聋哑人用的哑语,海上航行的船只之间使用的旗语等等。其中最普遍、最基本、最经常进行的翻译活动无疑应该是"语际翻译"。

"语际翻译"是在两种不同语言之间进行的,是在两种不同文化之间进行的交际活动,它牵涉到两种文化的撞击、两种政治观念的冲突,即在两种不同语境和意识形态下的操作。由此看来,探讨意识形态与翻译的关系不仅是必要的,而且是有意义的。

一、意识形态

要搞清翻译与意识形态的关系,首先要弄清什么是意识形态。根据《现代汉语规范词典》的解释,意识形态即社会上层建筑的重要组成部分,是自觉、直接反映社会经济形态和政治制度的思想体系。在阶级社会里意识形态有明显的阶级性。这只是一般性的定义,而有关意识形态所涵盖的内容要丰富得多。

西方的学者把意识形态分为四大类:认识论上的意识形态;社会学意义上的意识形态;一般心理学上的意识形态;文化心理学上的意识形态。

(1)"意识形态"是18世纪法国启蒙主义思想家从认识论的角度提出来的。他们认为知识的来源是人们具体感知的材料,依据感知研究观念的起源与发展是能够免于认知和判断的失误。在他们看来,"意识形态"只是哲学认识论的范畴,没有超出古希腊以来认识论的框架。

(2)从社会学的角度审视意识形态的内容和功能,认为"意识形态"指人类对世界、社会所产生的思想观念、情感态度等与理性信仰的混合体,并且包含价值判断和知识体系。它在社会和谐、社会控制、社会动员方面发挥了巨大作用。

（3）心理学理论把意识形态看成控制个人情绪的工具。意识形态是对心理紧张的一种回应，心理紧张来源于人所扮演的社会角色。每个人塑造的角色都要应对社会带来的各种难题，面临着相互冲突，同时也难免心理上的紧张和焦虑。为了消除它，人需要寻找指导原则，意识形态就有帮助人摆脱紧张和焦虑的作用。

（4）文化心理学上的意识形态认为，无论是宗教，还是科学，意识形态都是纲要，为社会和心理过程的实现提供蓝图。通过意识形态和社会秩序的图解性建构，使人实现社会生活中的抱负和理想。

由此不难看出，意识形态是思想意识的表现形式，它是牵涉到政治、哲学、艺术等方方面面的一个极其复杂的概念。另外，历史上对意识形态认识不一，各执一词，恐怕一时还达不到统一的认识。

二、翻译与意识形态

（一）翻译行为与意识形态

意识形态无疑要与翻译活动发生关系，首先是原作所反映的形式和内容与译者的意识形态的碰撞。"翻译首先是阅读行为，更确切地说是解读行为。作为译者的读者，其意识形态和美学视角促成了解读行为"[1]。显然，译者的翻译行为是在意识形态的左右之下进行的。

从茅盾先生对尼采的解读中更能看出他的意识形态驱使他关注弱小民族。尼采提出人类生活中最强的意志不是求生，而是向往权力。按照这种解释，这就意味着"要成为其他民族的主宰"，对于较低级的、没有权力的人们，不需要良心的悲悯，应该像对待蚁虫一样击毙他们。茅盾的解释却是："唯人类有这'向权力去奋斗，要求解放，要求自决都是从这里出发，倘然只是求生，则猪狗的生活'也是求生的生活。"[2] 尼采强调的"向权力"，显然是占领和征服；茅盾却反其道而行之，"向权力"是反占领、反征服的反抗和斗争。茅盾先生懂英语，但是他的意识形态决定了他的翻译行为，他的大量译作中多是波兰、匈牙利、爱尔兰、西

---

[1] 卜友红.英语语言学及应用语言学研究[M].上海：同济大学出版社，2014.
[2] 谭学纯，唐跃，朱玲.接受修辞学[M].合肥：安徽大学出版社，2000.

班牙、俄国等当时视为"被压迫、被侮辱"的弱小民族的作品，而基本不翻译英美作家的作品。

与之相反，以胡适为代表的留学欧美的知识分子，则主张"全盘西化"，他们所翻译的多为当时的强国的作品，比如梁实秋翻译英国莎士比亚的作品。从日本归来的创作社成员受到西方浪漫主义的影响，也主张去翻译那些有名的作品。例如，郭沫若翻译歌德的《浮士德》《少年维特之烦恼》，成仿吾翻译英国雪莱的《哀歌》，田汉翻译英国莎士比亚的《哈姆雷特》等。尽管他们也翻译了其他一些作品，但是他们更倾向于翻译那些名人名著。

翻译行为是翻译活动的一部分，包含着翻译实施的动因和翻译的具体操作。有什么样的意识形态就有什么样的翻译行为，反过来说，翻译行为是受制于意识形态的。上边各位译者的翻译行为之所以不同，完全是因为意识形态不同造成的。

（二）译词的取向与意识形态

古希腊人不做译事，因为他们认为四邻都是夷蛮之邦，没有什么值得翻译的。罗马人的译事也不发达，因为他们的知识分子都懂希腊文，直接吸收希腊文化。古代的中国文化处于强势，视周边国家为夷蛮之邦。而这种观念形成了当时的主流意识形态，故而称周边的国家为"倭奴、天毒、鲜卑、龟兹、匈奴"，其中"奴、卑、毒、吠、倭"等都用的是轻贱的字眼。"吠"很明显是"狗叫"之意，把印度的宗教文献和文学作品的总称翻译为"吠陀"，这哪里会给人什么美感呢？就是在唐代，有关基督教方面的翻译文献竟把"耶稣"翻译为"移鼠"。"耶稣"这个名词在基督教中是生命所寄托的名词，自当用好的字眼，怎么被翻译为"老鼠"呢？但是，当时的文献的确就是这么记载的，且唐代传入中国的基督教，当时也被称为"景教"。唐代流传下来的景教文献《序听迷诗所经》中有"末艳怀孕，后产一男，名为移鼠"的记载，其中的"末艳"就是圣母玛利亚，而"移鼠"就是"耶稣"，这是当时的盛唐所做的翻译。

18世纪以后，国弱气衰，面对西洋的舰船，政府腐败无能，割地赔款。由于政治、经济、军事等方面的落后，中国处于弱势文化之中。崇洋媚外，认为洋人的一切都好，成为主流意识形态，这样一来则把欧美的国名翻译为"美利坚、英吉利、德意志、奥地利、加拿大"等，用的都是"英、美、利、吉、德、威、大"

等壮雅字眼。在弱势文化的意识形态下，自然对强势文化尊崇备至，其表达与古代中国对外邦的称呼形成鲜明的对比，自然而然地去选择雅美壮大之词。足见意识形态的操纵，甚至涉及译词。

（三）文本的选择与意识形态

选择什么样的作品来翻译，其选择固然受到译者审美品位的制约，受到市场因素的左右，同时也不能不受到政治因素和主流意识形态的牵制。为此，翻译作品的出版基于意识形态的因素很多。

同样，我国对日本书籍的翻译和出版，在中华人民共和国成立近30年的时间里，第一，从数量上要比其他国家的作品少；第二，在作品的选择上除了一些古典文学和明治文学外，最多的是日本无产阶级作家的作品，如《小林多喜二选集》三卷、《宫本百合子选集》四卷、《德永直选集》四卷，以及野间宏的反战题材的《真空地带》。对同期比较有影响的作家大江健三郎、安部公房等第三代新人等的作品都没有翻译介绍，以至于像川端康成这样获得诺贝尔文学奖的世界级作家在20世纪80年代以后才为中国人所知。在中日关系不正常的那些年，在那种突出政治、政治压倒一切的氛围中，艺术性较高、政治思想性不强的作品自然被排除在外，说明意识形态左右了文本的选择和翻译出版。

（四）译文内容的取舍与意识形态

除文本的选择受制于意识形态外，作品翻译过程中的内容取舍同样也要受到当时当地意识形态的限制。翻译一部文学作品时，译者不可能不考虑意识形态的因素而随心所欲地去翻译。一般的译者都要在自己的作品中删掉一些与国情不符的东西，在翻译大江健三郎作品时，他所描写的内容与我们的意识形态有不同之处，所以对于这样的地方，不是回避，就是做些调整处理。

当出版社或译者选定一篇文本翻译时，译者有可能在翻译过程中采取直接介入主流意识形态或自愿接受主流意识形态的做法，将原文中可能与目标语言国家的主流意识形态发生冲突的文本删除。尽管翻译已经完成，并交给出版方或委托方，但出版社的编辑仍然有权在符合主流意识形态的前提下，进行修改和删除工作。除了译者和编辑外，出版部门也可能进行译文修改。如果修改后仍违背当地主流的意识形态，还可能会被禁止出版。

译文的取舍到底是译者所为，还是出版机构所为，不得而知。但是对译文中敏感的政治内容的删减，完全是主流意识形态干预的结果却是不争的事实。

通过上述分析，不难看出意识形态对翻译的影响无处不在。可以毫不夸张地说，意识形态影响翻译的每个环节、每个方面，影响译者的翻译策略、翻译选择、翻译行为、译者对文化问题的处理、译者对具体语言的运用，甚至有时意识形态会使译者增删或者篡改原文为自己服务。

翻译本身并不是随心所欲的操作，除了译者受到文本语言障碍的制约、文本所展现的文化障碍的制约外，更多的还是受到译者本人意识形态，乃至译者所处的主流意识形态的影响，无论是过去、现在，还是未来，意识形态对翻译的影响都会一直存在。为此，意识形态与翻译的关系是个值得探讨、研究的命题。

第三节　语言翻译以及文化翻译

一、文化的传播与翻译

自人类文明开始流传文化以来，语言翻译一直是一个困难。当涉及引入一种与本国或本民族文化不同的文化时，人们必须付出极大的努力，因为语言上的限制会成为挑战。在中日两国的文化传播中，我们首先要回溯到中国《三国志》的《魏志·倭人传》。

早在3世纪的西晋时代，由陈寿所撰写的《三国志》是中国的二十四史之一。在这部《三国志》的"魏志"中，有一部分关于"倭人"的记载（俗称《魏志·倭人传》）。这一段大约2000字的记载，与后来问世的《后汉书·倭人传》《宋书·倭国传》一样，都是研究日本古代史的重要史料。

在《魏志·倭人传》中，详细记载了当时倭人生活的地方，也就是后来日本国的具体地理位置。尤其是其中关于"邪马台国"及其"女王"的记载，曾在历史研究学界引起过关于"邪马台国的论争"，是关于日本古代历史记载的不可多得的珍贵史料。不仅如此，在这段记载当中，还随处可见许多关于日本语言的记载，也是揭开原始日本语言之谜的必不可少的重要史料。在这段将近2000字的《倭人传》中，关于日本语言的记载有「卑狗」「卑奴母離」「爾支」「泄謨觚」「柄渠觚」「掫馬觚」「多模」「彌彌」「彌彌那利」「伊支馬」「彌馬昇」「彌馬獲支」「奴佳提」等十几个有关官吏的名称,「对馬」「一支」「末盧」「伊都」「奴」「不彌」「投馬」「邪馬台」「斯馬」「己百支」「狗奴」等二十几个有关地方的名称,「卑彌呼」「難昇米」「(都市)牛利」「伊声耆」「掖邪狗」「卑彌弓呼」「(倭)载斯烏越」「台与」等几个有关人名的名称。这些都是所谓的固有名词,也就是一些不可翻译的词汇。对于这些词汇,当时的人们也就是采取了尽量与之相近的近似音进行了模仿。当然,出于种种原因,这些近似音并不一定完全吻合日本原有的发音,同时受到"中华思想"的影响,选择的文字也多是如「卑」「狗」「馬」「奴」等所示,多含有卑贱之意。但尽管如此,这些记载仍是目前世界上有关日本语言的发音及词汇最古老的记载,而且这一记载还是出于非日本民族的外国人之手,这不能不说是一种奇迹。更值得注意的是,后来在日本人导入汉字、使用汉字的过程中发明了"万叶假名"的用法,而其中的许多汉字的用法,也都与《倭人传》中的使用方法相同,如「卑、奴、母、離、爾、支、謨、渠、彌、馬、那、利」等。这也从另一个角度证明了《三国志·倭人传》中关于日语语音的记载是具有极高的客观性的。

二、翻译中的外来语问题

关于外来语的问题,首先有一个如何区别"外国语"和"外来语"的问题。有的学者将二者都称为"外借词"。另外,在将外来语转换为本国语言的时候,如何与其原有的概念区别也是非常重要的问题。总之,外来语的问题涉及面很广,是一个非常复杂的问题。

外来语的问题,一般是在一个国家或一个民族与外部开始交流时产生的问题,应该说是文明或文化相互交流的产物。此时,由于大量的新生事物、新的概念以及新的社会制度,或者是完全不同于以往的思维方式传入自己的国家,许多新生事物用自己原有的语言已经无法正确地表达,这样就产生了外来语的现象。可以说外来语的发生是社会进步的象征,是一个国家或民族对外开放的结果。在当今的世界中,恐怕没有任何一个国家或民族,完全只使用其自身的语言来表述世界上所有事物的概念。为了表述一种新的概念,为了将世间的事物表达得更加准确,往往要借助于来自外部的语言。因此,外来语词汇是一种文明语词汇,是人们进一步认识世界的崭新的词汇。这种外来语正是通过文化的翻译而不断产生的。

在文化进行传播的时候，往往是比较先进的文化对相对滞后的文化产生影响。从这个意义上来看，在古代的亚洲，主要是以中国为中心，在其汉字文化的影响之下，对周边国家如日本、韩国、越南等都产生了重大的影响。这从这些国家的语言当中都有大量的汉语词汇作为借用词使用的事实来看，也能得到充分说明。但是，文明与文化的影响作用并不是一成不变的。随着文明与文化进步程度的提高，这种影响的关系也会发生逆转。比如，同样是以中国为例，虽然在古代，中国的文明与文化对周边的国家起到了重大的影响作用，但是到了近代以后，相反，中国是通过日本才大量吸收和接受了来自西方的更加先进的文明与文化。这就是所谓日制新生汉字词汇重新进入中国的现象。特别是有关现代自然科学的词汇，如物理学、地理学、哲学、植物学、医学等相关科学当中的许多汉字词汇，都是明治时期的日本人在翻译和介绍西方科学的时候重新创造的。而这些词汇在中国引进西方文明和科学的时候又都得到了使用。关于这一西学东渐过程当中的语言问题，近些年来得到了中日两国学者的充分重视，有许多研究成果相继问世。如上所述，外来语的问题归根结底是一个接受外来文化的问题，其重要性可能更胜于语言本身的问题。但是，外来语最终还是一个用语言来表达这些新生事物的方法，所以，其本身也仍旧是一个语言的问题。在这方面，还有一些问题需要引起我们的注意。

其中一个问题就是，同样是接受外来文化，但在借用的时候，有的语言更加有利于借用，而有的语言在借用上就不是那么方便或者说不是那么积极了。这里面既有这个国家或民族所采取的语言政策性的问题，也有这种语言结构本身的问题。就语言结构本身而言，有的语言结构比较容易接受外来语，而有的语言结构就不那么容易接受外来语。特别是在用文字书写的时候，该语言是采取表音的手段，还是采取表意的手段，在接受外来语方面就会表现出不同的态势。总的来说，在书写方面采取表音手段的语言比较容易接受外来语，相反，采取表意手段的语言，在接受外来语方面就不那么容易，或者说要面对许多复杂的问题。

我们可以举汉语在接受外来语方面的典型的例子来论证。当然，汉语自古以来，也一直在接受外来文化，同时产生了许多受外来新生事物影响的外来语词汇。但由于汉语在文字书写方面是使用汉字，并且主要采取的是汉字表意的手段，所以在接受外来语方面，以表音的形式接受的词汇不多，而更多的是采取了表意的手段，这种以表意手段接受的外来语词汇（如 computer—计算机、tomato—西红柿）比比皆是，这里就不一一列举了。需要指出的是，在汉语中我们可以看到，即使是采取了表音手段来接受外来语，在最终的书写形式中，还会残存一些表意的痕迹。

在这种情况下，汉语采取了一些不同的手段。

其一是，当只有表音手段造成意义不清或容易产生误解时，才增加表意手段予以辅助。

如：car—卡车（カー）、card—卡片（カード）、motorboat—摩托艇（モーターボート）、ice cream—冰激凌（アイスクリーム）等所示，一般都为音译的部分和意译的部分相结合，或者加上部分意译的因素来补充音译的不足（上述各例中，括弧中为对应的日语音译形式，下同）。

其二是，在采取音译方式的同时，也尽量选用从意义上也可以有所联想的词语，这样的译词被认为是最佳的译词。其中最有名的就是"可口可乐"的翻译。

Coca Cola—可口可乐（コカコーラ）

这一译词不仅在发音上与原词很相近，而且从意义上来看，也可以表示"（喝起来）又可口又可乐（的饮料）"的意思。因此被认为是非常优秀的译词。对于采取这样形式的译词可以举出以下的例子。

如：sofa—沙发（像沙子一样松软的东西）（ソファー）
shampoo—香波（既有香气又可以起泡沫的东西）（シャンプー）
rinse—润丝（滋润头发的东西）（リンス）
shopping mall—大卖场（销售商品进行贸易的场所）（ショッピングモール）

这些译词当然都应该说是非常成功的优秀的外来语词汇。但是，我们要知道真要得到这样好的译词是要花费相当大的功夫的，还要有合适的原词音供选择，那才真叫"一名之立，旬月踯躅，一名之定，十年难期"。

在对外国的固有名词进行翻译的时候，一般都采取的是音译手段。然而，即使是音译，采用哪个字与之对应，这对于中国人来说也不是一件简单的事情。比如同样都是翻译美国总统"Reagan"的名字时，大陆的译法采取的是"里根"两个字，而台湾的译法则采取的是"雷根"两个字。我们先不说这两种译法哪一个更接近原来的发音（这一点还要受到当地人们发音的影响），单说采用的不同的汉字，从"里根"来看，可能会联想到比较温柔的性格，而从"雷根"来看，则会使人联想到非常严厉的性格。像这样知名的人士，无论采取哪种音译，人们都可以知道指的是同一个人。但是，如果是一个不很著名的人物或者是第一次向大家介绍的人物，那就可能会出现因为使用了不同的汉字而导致人们以为是完全不同的两个人的问题。这样的误解也是时有发生的。为此，中国在人名、地名的音译过程中要不断地进行统一，甚至成立标准化委员会，其艰难程度是采取表音手段的国家和民族不可想象的。

然而，在今天的信息化时代，这种将外来语词汇一一对应地进行翻译的手法已经远不能跟上时代的发展。因此，在今天的汉语中，在引进外来语词汇的时候，会更多地采取音译的手段，或者出现意译与音译并存的现象。

比如，在现在的计算机时代，人们要频繁地使用电子邮件。"E-mail"一词的正式译法应该是"电子邮件"，但是在年轻人当中，使用该词的音译形式"伊妹儿"的人可能更多一些。

进而还会出现一些不知用汉字如何书写的形式。比如，最近有些年轻人在表示有事给我打电话的意思时，会使用"有事儿kao我"的说法。这个"kao"大概就是来自英语的"call"的音译。然而，汉语中应该用哪个字来表述则不得而知。

尤其是在当今改革开放、国际化进程的形势下，采取音译方式会给人一种外国产品的印象。比如，日本生产的汽车中有一种「日産」（ニッサン）汽车。按照通常的日本人名、地名等的对应方法，只要将「日産」两个汉字按照中国汉字的读法"richan"读出来即可。但是，可能这种做法不能给人一种进口汽车的印象，所以在翻译时就采取了音译的手法，将其译成了"尼桑（nisang）"。这种音译的手段使人很难想象出一个合理的含义，通过这种破坏含义的手法，来达到使人联想到外国产品的目的。

在这种更多地采取音译手法的情况下，我们会看到一种现象，那就是原来在坚持意译为主的时候，总有一部分因素是帮助人们从意义上来理解外来语的。如：comedy—喜剧片（コメディー）、love story—爱情片（ラブストーリー）、action—武打片（アクションもの）、suspense—惊险片（サスペンス）、animation—动画片（アニメーション）等，将这些影视作品形式用意译手段进行翻译的时候，最后都能有一个"~~片"的形式，在意义上予以统一。但是，到

了采取音译手段的时候，这一统一形式往往就会逐渐消失。如：

pops—流行乐（ポップス）

rock and roll—摇滚（乐）（ロックンロール）

jazz—爵士（乐）（ジャズ）

blues—布鲁斯（ブルース）

如上例所示，随着音译程度的升高，原有的意译形式逐渐得到破坏。到了"布鲁斯"一词，除非专搞音乐的人士，最初听到这一外来语时，很难想象出它是一种音乐，甚至不知道是在谈论何种话题。但是，这种音译形式在与外国人进行交谈时反倒比较容易理解。

三、语言与文化的翻译特性

（一）语言的可翻译性及普遍性

通常来说，语言是可以进行翻译的。人类的思维方式和对世界的认知反映在语言中。人类作为地球上的生命体，能够共同理解自然界，这表明我们对自然界的理解和表达方式具有普遍性。所以，尽管各民族的语言在语法结构上会有所不同（如有的语言是 SVO 结构，有的语言是 SOV 结构），或者是在表达方式上会有所不同，但基本上都是可以翻译成另一种语言的。

1. 词汇的翻译

如：机/桌子、歩く/走路、赤い/红的、懐かしい/令人怀念的、手紙/信、汽車/火车、恋/恋情、幸せ/幸福。

当然，其中会有程度的不同。一些表示具体意义的词汇基本上是 100% 地对应（如：机/桌子、歩く/走路、赤い/红的、手紙/信、汽車/火车等）。但是，一些表示抽象意义的词汇，在外延和理解上就不完全一致了（如：恋/恋情、幸せ/幸福等）。进而日语中还有像「懐かしい」这样一类专门表示说话者情感的特殊的形容词（日语中称之为"感情形容词"），在翻译这种词汇的时候，是要花一番工夫的，但总之都是可以翻译的。

2. 句子的翻译

如：ご飯を食べる/吃饭。

先生に叱られる / 被老师批评。

子供に死なれる / 死了孩子。

門が開いている / 门开着。

猫が死んでいる / 猫死了。

私はずっと彼を待っていた / 我一直等着他。

私は彼を 10 時間待っていた / 我一直等了他十个小时。

到了句子的翻译，就要比词汇的翻译难一些了。如以上例句所示，由于句子结构和语法成分的不同，在翻译句子的时候要进行结构上的加工。因为日语是 SOV 结构语言，汉语是 SVO 结构语言，所以在进行句子翻译的时候，需要在结构上予以变更（如"ご飯を食べる / 吃饭""先生に叱られる / 被老师批评"等）。但是，与这种语法结构的变更相比，可能更复杂的是同一语法范畴在另一种语言当中可能并不都由一种语言形式来表达，可以由完全不同的语法范畴来表述。但是，尽管有这些复杂的问题，语言基本上是可以翻译的这一性质是不变的。否则，不同的民族之间就不可能沟通，异文化之间的交流也就成为不可能。

（二）文化的特殊性及可理解性

文化的本质是如此独特，以至于我们可以断言它几乎是无法用任何语言进行完全准确的翻译的。

当谈及日本饮食文化时，我们可以采用典型的例子「寿司」来说明。或许就算是懂得用汉字的中国人初次看到「寿司」这个词时，也难以准确理解它指代的是一种何样的食品。即便我们把寿司店里的食品内容翻译成"带鱼肉的米饭团子"，但如果没有日本人亲自带领我们去品尝寿司，仍然难以想象出其真实的味道和风味。此外，对于"带鱼肉的米饭团子"这样的表述，以解释来进一步说明已不再属于翻译范畴。只有通过亲身品尝寿司，才能真正领悟其内涵。这是常见的一种问题，在引入外来文化时总会遇到。当然，一些人曾试图将这些外来文化进行翻译。据说在中国，过去就曾有人尝试着将「寿司（スシ）」翻译成"四喜"。进行这种尝试的人，可能开始还以为"四喜"（sixi）与「寿司（susi）」的发音接近，而且字面上又可以解释为"四种欢喜"，大有可以与"可口可乐"一词媲美的味道。然而，殊不知在饮食行业，人们听到"四喜"一词时，与其说是去联想日本的寿司，不如说更多地是会联想到中华料理中的"四喜丸子"，根本是风马牛不相及。

到头来，这一翻译终归没有得到认可。这与其说是一种翻译，还不如说就是将其作为一种固有的外来文化，在引进的同时，连名称也一同引进了。像这样的例子我们可以举出很多，如：畳、ふすま、大相扑、军、茶杓等等。

不仅是单词，在句子层面也存在同样的问题。"お茶を点てる/点茶？"将「お茶を点てる」这一短句译成汉语时，使用原句中日语动词「点てる」的汉字，译成"点茶"。但是很明显，如果是一个没有亲身体验过日本茶道的人，他是无法想象在铺有榻榻米的日式房间中，主人面对日式茶炉，使用日式茶刷，将放在日式茶碗中的抹茶进行搅拌的"点茶"动作的（在这一说明中，大量地使用了「日式~~」也同样反映了相同的问题）。而只有当亲自出席了一次日本茶道的茶会，目睹了"点茶"的过程，才能真正了解它的含义。

以上讲的是有形文化。对于无形文化而言，也是一样的道理。比如，日本的著名俳人松尾芭蕉有过这样一句脍炙人口的俳句，「古池や蛙飛び込む水の音」。如果我们只是把它简单地翻译成"古池塘，青蛙入水，扑通一声响"，恐怕很难将芭蕉的全部感怀传递给读者。如果想完整地理解这一俳句的全部内容，可能从芭蕉的生平到他长途旅行的背景，以及最后他在这一古池边咏诵这一俳句时的心情都要做一个详细的解说。这样一来，那就不是什么翻译了，而是一场关于日本文化的讲座，甚至可以将其写成一本书。再如，作为日本文化概念的典型代表「わび」「さび」和「もののあはれ」，至今没有一个非常准确、合适的译词与之对应，也完全说明了这一点。而且，对这一概念也很难用一两个词语将其解释清楚，往往需要使用相当多的字眼。

「わび」是对以下事物的否定：富有、富贵、画眉、巧言令色、显眼、艳丽、优美、豪华、丰满、复杂、烦琐、纤细、匀称、明澄、瑞丽、典雅、崇高……也是对以下事物的肯定：贫困、困乏、朴直、谨慎、节制、无光、无泽、不纯、冷瘦、枯萎、老朽、粗糙、古色、寂寞、破旧、歪曲、混浊、雅拙、简素、幽暗、静谧、野趣、自然、无圣……

2005年出版的《日本古典文学大辞典》（北京日本学研究中心文学研究室编），在对「わび」「さび」和「もののあはれ」等词条进行注解时，都使用了一页以上的篇幅。说明对于这些日本文化固有的概念，是绝不能用一两个词句就能将其置换翻译过来的。其实，这一理解也并不是我们现代人今天的感受，早在我国的

清代，诗人袁牧就曾经指出过，日本文化中的「もののあはれ」是一种"不可解之情"。

在此需要强调的是，尽管这些独特的文化很难翻译，但理解它们并非是完全不可能的。一种文化只有在得到传承的情况下才能被视为伟大和优秀的，同时也必然会被其他民族所认同和理解。人类的文明是通过与多种不同文明进行交流和理解的过程中才得以不断发展和进步的。

第四章　中日语言对比与翻译

对翻译理论、翻译方法与技巧的探讨，都是建立在两种语言的对比之上的。汉日翻译也不例外，必须从汉语与日语的对比入手，掌握其特点，弄清有何相同之处，有何相异之处。

汉语与日语，从语言本质来说，所属语系截然不同。一般认为汉语为独立语，不但没有曲折变化，连助词、词缀等也极少。日语则属黏着型语言，用言有曲折变化，助词、词缀丰富且形式多样，与汉语相比，音节结构差别极大，句子中的语序也有很大不同。

尽管如此，通过两千年来的文化交流，汉字传入日本，使得日语中至今保留着大量的汉字和汉字词。这些汉字中的相当一部分，与现代汉语对比，可以说是形同义同。但是在漫长的历史演变中，现代汉语与现代日语各自发生了一定变化。有一批词汇，字面形式虽然相同，词义上却有某些区别，有些甚至是形同义异、千差万别。

因此，在汉日语言对比中，词汇对比，有它的特殊性和重要性。此外，句子结构的对比以及特殊语方面的对比也是不可忽视的。

本章主要介绍中日语言对比，分别介绍中日词汇现象对比与翻译、中日修辞、语用对比与翻译、敬语与"位相"语三个方面的内容。

第一节　中日词汇现象对比与翻译

中日两国的往来始于公元三四世纪。当时日本没有自己的文字。据传，大约在公元270年至310年间（应神天皇时代），汉字及其语言随着各种文物传入日本。公元四至五世纪初，中国正值东晋南北朝战乱时期，成批中国人自大陆和朝鲜半岛移居日本，并传播了中国的文化，传授了各种技艺。随着韩文书籍的传入，日本开始使用汉字，并以汉语作为记录手段。当时，日本的大和朝廷已经奠定。据《宋书》《南史》记载，公元478年倭王武上刘宋顺帝的表文就是用华丽的体文写成的。直到奈良朝时期，日本人仍以当时的"吴音"来读汉语，而后再以口头解释其意。经过近两千年的历史演变，大量"汉字词"已成为日语的主要组成部分。既然如此，那么，这些"汉字词"是否与我们今天使用的汉语词汇完全一致或即便有某些出入也可略知其意呢？当然不是这样。

将近半数的词汇为形同义同和形异义同，这确实给我们日语学习者带来了方便。多半数的词汇在字形、意义以及用法上完全不同或者有某些差异。这反倒使我们的日语学习者受到汉语母语的干扰，误以为雷同，常常出现问题的正是这一部分。因此，汉日语言对比中，汉日词汇现象的对比，具有特殊的意义。

一、汉语词汇与"汉字词"的比较与翻译

中日两国使用的汉字形体原来是完全相同的，但是我国于1956年公布了《汉字简化方案》，包括偏旁简化在内，对2238字进行了简化；而日本在第二次世界大战之后规定了"当用汉字表"及至今日的"常用汉字表"，对一批原来汉字的字形体加以简化或采用同音代替字，将"旧体字"改为现在的"新体字"。[①]

中日两国采用的简化字不尽相同。完全相同的并不多（如：中、医、体、参、朝、万等），有的完全不同（如：发／発、验／験、电／電、无／無、场／場等），也有的中国没有简化，而日本简化了，但比较少（如：佛／仏、假／仮、乘／乗等）。上述简化字中，有的字体极其相似，容易混淆（如：变／変、对／対、实／実、外／外等）。又由于日语采用了同音代替字，一些词语的形体已有别于汉语，如不加注意容易用错（如：编辑／編集、联络／連絡、巩固／強固、妨碍／妨害等）。

汉字的形体之别，在笔译中尤其值得注意，应避免在日语中掺杂似是而非的汉语字。

在这里须申明：本节在对比汉语词语与"汉字词"时，把上述那些形体上的区别排除在外，即把那些本来同一形体，如今已发生变化有所区别的汉字视为"形同"。因为不是这样，就无法进行对比。

[①] 中华人民共和国国务院.汉字简化方案[M].北京：人民教育出版社，1956.

（一）形同义同

汉语传入日本后，至今仍沿用的词汇甚多。名词中有关气象、社会、团体、宗教、地理、植物的名词以及抽象化名词、概念化名词，有一多半属于形同义同。如：天地、雨、雪、世界、中国、国家、首都、地位、责任、海、湖等等，不胜枚举。其中也有一部分本是地道的汉语词汇，却被一般日本人认为是日本固有的词汇。例如：肉、茶、麦、梅、豆腐、胡椒、生姜、芭蕉、牡丹、牛、羊、孔雀等等。这说明这一类词汇已经完全融入日本人民的生活中了。

也有一些古汉语词，在现代汉语中已经不适用或使用不多，而在日语中至今仍普遍使用。如日本人冬天取暖用的"炬燵""田舍""颜""書""落第"等。有一部分形同义同的汉语词汇，是自19世纪晚期以后，从日本"汉字词"引进的。根据1985年出版《现代汉语外来词研究》的统计，有91个词属于地道的日语。如：场合、场面、场所、舞台、道具、服从、服务、复习、必要、方针、希望、化妆品、故障、命令、身分、交通、权威等等。至今我国仍不断引进一些日本汉字词。近年引进的就有：第三产业、强化、水分等。

从日本引进的词汇中，主要的一类属于汉字译词。由于日本吸收西方文明较早，他们使用汉字造出了大量的新译词。据统计，我们今天使用的社会和人文科学方面的名词、术语有70%是从日本输入的，这些都是日本人对西方相应语词的翻译，传入中国后，便在汉语中牢牢扎根。如：借方、贷方、积极、消极、直接、间接、被动、主观、客观、肯定、否定等等。日本在翻译古典文学过程中，除了据意造词之外，也借用部分古汉语词，而赋予新意。这些词又传到中国，为汉语所吸收。例如：文学、文化、文明、物理、讽刺、艺术、博士、保险、封建、法律等等。

反过来，我们在翻译西方科技书籍中使用的一些新译词，如蒸汽、空气、电气、显微镜等也传到日本，被日语所吸收。尽管这些词属形同义同，但指的是基本义，不包括其中个别的转义或派生义。如"文化"，在汉语里的解释（1）人们在社会历史实践过程中所创造的物质财富和精神财富的总和，特指精神财富，如教育、科学、文艺等;（2）指运用文字的能力及具有的书本知识。因此，遇到"没有文化"时，不可以为是形同义同，而直接译成"文化がない"，要根据汉语意思进行翻译，（1）文化がない。（2）読み書きができない。

另外，即便义同，还要注意不同的运用范围，如"我们的国家"应译为"私たちの国"而不可译成"わたしたちの国家"。再以"希望"一词为例，"他希望做一名医生"一般译成"彼は医者になりたいと思っている"，而不会译成"彼は医者になることを希望している"。

（二）形异义同

汉语词汇和日语"汉字词"中均有略语、缩词。形异义同的词汇包括三类。

第一类是字序倒置，而基本意思相同；第二类是部分用字不同，而基本意思相同；第三类是略语、缩词。

第一类：字序倒置。例如：

搬运—運搬；盗窃—窃盗；和平—平和；痛苦—苦痛；威胁—脅威；心腹—腹心；赞赏—賞賛；争论—論争；熟习—習熟；过滤—濾過；缩短—短縮；脱离—離脱；限制—制限；买卖—売買；评论—論評；始终—終始；收买—買収；介绍—紹介；黑白—白黑；积累—累積；减轻—軽減；命运—運命；朴素—素朴；直率—率直；衰减—減衰；顺从—従順；寂静—静寂；计谋—謀計；纠纷—紛糾；语言—言語；侦探—探偵；制作—作製。

第二类：有的词语个别字不同，而其意大致相同。例如：

开关—開閉；尖锐—先鋭；钢筋—鉄筋；爆炸—爆発；幼儿园—幼稚園；款待—款待；专家—専門家；联欢会—交歓会、随机应变—臨機応変。

第三类：汉语词汇和日语"汉字词"中均有略语、缩词。往往由于全称不同，其略语、缩词也不尽相同。例如：

联合国—国際連合—国連；安全理事会—安理会＝安全保障理事会；裁减军备—裁军＝軍備縮小—軍縮；美利坚合众国—美国＝亜米利加（アメリカ）合衆国—米国。

（三）形同义异

形同义异的词汇中，有一些词的意义完全不一样，有一些则意义相近或者有一部分相同，无法精准掌握词的意义，使用时也容易混淆。人们在刚开始学习日语的时候会发现日语里有一些汉字的意义和汉语里的意义差别很大。经常当做例子来举。如："手紙"（日语中的意思是"信"）、"汽車"（日语中的意思是"蒸汽机牵引火车"）、新聞（日语中的意思"报纸"）等。除此之外，还有不少词汇形同而义异，却没有引起人们的足够重视，而常常被弄错。对这类词必须先查清汉日语中的原义，才能正确无误地使用。举例如下。

（1）缘故：原因

他到这时候还没来，不知什么缘故。/ 彼は今になってもまだ来ないが、どうしたわけだろうか。

縁故（えんこ）：かかわりあいつながり。（「岩波国語辞書」、下同）

あの会社はほとんどが縁故採用だ。/ 那个公司大多通过关系招聘。

（2）可怜：

①值得怜悯

这个老太太很可怜 / このおばあさんは可哀相だ（＝気の毒だ）

②怜悯

听后不由得可怜这个汉子了 / それを聞いた後、この男があわれになった。

③（数量少或质量坏到）不值一提

少得可怜 / 気の毒なくらい少ない。

可憐（かれん）

①可愛らしいこと、愛らしいこと

道端に可憐な花が咲いている。/ 路边长着可爱的花。

②いじろしいこと

可憐な花売娘がそこに立っていた。/ 一位招人怜爱的卖花姑娘站在那里。

（3）觉悟：由迷惑而明白、由模糊而认清、醒悟

他还没有觉悟到这一点 / 彼はまだそこまで自覚していない。

覚悟（かくご）：あきらめて心をきめること

首になるのも覚悟だ。/ 我有思想准备被解雇。

（4）小心：注意、留神、谨慎

路面不平，不小心会跌跤 / 道がでこぼこなので、注意しないと転ぶ。

小心（しょうしん）：気が小さくて臆病なこと

彼はもともと小心な男だ。/ 他这个人本来就谨小慎微。

（5）无心：

①没有心思

他心里有事，无心再看电影。/ 彼は考えている事があるので、もう映画など頭に入らない。

②不是故意的

言者无心，听者有意。/ こっちは何げなく話したのだが、相手は心に留めて聞いていた。

無心（むしん）

①何の考えもなく、無邪気なこと

子供がこっちを見て無心に笑っている。/ 孩子看着我们，天真地笑了。

②（厚かましく）金や物を人にねだること

"また金を無心に来たのか"。/ "又来要钱来啦？"

（6）迷惑：

①辨不清是非，摸不着头脑

这使他感到迷惑。/ このことに彼は戸惑った

②使迷惑

多少花言巧语也迷惑不了人。/ どんなに言葉巧みに話しても人を惑わすことはできない。

迷惑（めいわく）：他人のことで煩わしく、嫌な目にあうこと

人に迷惑をかけてはいけない。/ 不要给别人添麻烦。

（四）形异义异

汉语中的副词、介词、连词、助词、叹词等虚词只表示语法意义和语法关系，一般不表示实在的意义。这些词几乎都属于形异义异词。如：副词中的"很、挺、越、太、都、统统、刚刚、才、立刻、马上、难道、到底、偏偏、顺便"等；介词中的"从、自、朝、自从、当、和、同、跟、把、连、至于、由于"等；连词中的"不但、虽然、既然、如果、倘若、只有、只要、除非、即使、尽管"等；助词中的"得、所、似、了、着、过、的、呢、吗、啊"等；感叹词中的"哎、哼"等，这些虚词几乎都属形异义异词。还有一些词看上去只是字序倒置，可实际上

天差地别，截然不同，或者只有部分含义相近。对待这部分词语要格外注意辨别，切不要用错。举例如下。

（1）显露：原来看不见的变成看得见

露顕（ろけん）：秘密や悪事が現われること

例：他脸色显露出高兴的神色。

△彼は嬉しそうな表情になった。　　　　　（√）

△彼の顔色に嬉しそうな表情が露顕した。（×）

"显露"一词在汉语中均为"原来看不见的变成看得见"之意，但是日语则作为贬义词来用，限指秘密和坏事被"揭露""暴露"或"败露"。因此"他脸色显露出高兴的神色"，应译为"彼は嬉しそうな表情になった"，而不可译成"彼の顔色に嬉しそうな表情が露顕した"。

（2）伴随：随同、跟

随伴（ずいはん）

①（目上の人の）お伴としてつき従っていくこと

②ある事柄に伴って起こること

例：伴随着生产的大发展，必将出现一个文化高潮。

△生産の大発展につれて＝伴って……　　（√）

△生産の大発展に随伴して……　　　　　（×）

日语"随伴"的两个汉语较为常见的用①，即"随从、跟随"之意。②的用法偶见于学术、科技论之中。"伴随着生产的大发展，必将出现一个文化高潮"，应译为"生産の大発展につれて＝伴って……"，不可译为"生産の大発展に随伴して……"。

二、日汉色彩词汇对比与翻译

色彩是我们生活中不可或缺的元素，它无处不在。表述颜色的词也是人类语言重要的一部分，这些词就是颜色词。在自然界中，每种颜色都能被人们普遍地感知到，但是当这些颜色用于人类之间的交流时便会带有独特的含义，激发特别的情感和联想。汉语的颜色词在漫长的进化过程中日益丰富，具有更深且更多的文化内涵。同样地，日语当中也存在很多能反映日本文化特色的颜色词。然而，由于日本和中国拥有不同的自然环境、社会制度、文化背景和风俗习惯等，颜色词的内涵意义也有一些不同之处。这些不同之处可能给颜色词的日汉翻译带来困难，容易出现望文生义的错误。例如，将日语中的「白タク」翻译为"非法出租车"，更能传达其含义。因为在日本，白色牌照的自家用车被用作出租车来接载乘客就叫「白タク」。这类车辆由于不按规矩正常运营而相当于中国的"黑车"。这种黑色和白色颜色词的使用体现出不同文化中的语义差异。

翻译不仅需要进行语言转换，还需要传递异国文化和原语情感色彩等内容。翻译的重要作用在于促进不同语言和文化背景下的交流与理解，消除文化差异带来的障碍。因此，翻译更重要的是传递不同文化背景下的原始语言和译文之间不同的含义和情感。为了正确处理涉及丰富文化内涵的颜色词，我们需要深入了解各个民族对不同颜色词的文化内涵。同时，我们需要在保持原语文化色彩的同时确保译文易于理解。我们应将原语与译语在各自文化中的含义尽可能对等，以便译文读者在接受文字信息的同时，也能理解原文的文化内涵和象征意义。

（一）关于日语色彩词概述

对于日语的基础色彩词的定义，存在多种不同的解释。两色说、五色说和七色说较具代表性。每个时代的生活方式、价值观、历史发展变迁、文化背景等社会各要素都对色彩词的出现、发展以及消失产生了深刻的影响。随着时间的推移，色彩词的表现方式也在不断变化。不同时代的色彩词呈现出独特的特点。色彩是通过我们的眼、脑和我们的生活经验所产生的一种对光的视觉效应。

我们看到的颜色不是物体本身具有的，而是由它们反射或透射的光线经我们的视觉系统处理后产生的。日本的色彩来源久远，可以追溯到绳文时代。该时代是日本的新石器时代，据历史遗物显示，绳文时代的陶器以红色和黑色为主要颜色。从弥生时代开始，日本进入了金石共用的时期，后来则开始使用铁器，出现了日本最早的农耕文化。在这个时期，陶器已经可以在淡黄色的织物上绘制红色的图案，这象征着日本漆工技术的提高。3世纪至7世纪，日本进入了古坟时代，人们为了装饰墓葬采用了彩画。这些彩画的颜色来源于黑、白、绿、青、黄等矿物质颜料的混合。颜料种类增加，服饰的色彩变得更多样化。随着现代化的到来，外来文化对日本色彩词产生了深远的影响，其中包括欧美染色文化的影响，日语色彩词中也开始出现和使用外来语。冈崎晃一认定日语基本色彩词是"红、青、白、黑、黄"的五色说，同中国的五行色相一致。

（二）关于汉语色彩词概述

在中国的文化里，色彩与工艺美术的发展、风俗的演变以及科技的进步紧密相连，相互影响。许多汉语中的颜色词都带有"糸"旁，据《说文解字》记载，有二十多种丝帛颜色词属于"糸部"，比如红、绿、绯、素、缇等。这表明古代丝绸织造业非常发达，这些丰富多彩的颜色词便是其繁荣昌盛的象征，即便现在这些词语在社会交际中的使用已经不多见了。随着21世纪化学工业、汽车工业和印染技术的不断进步，人类对色彩的认识也日益深入。越来越多的新色彩词汇应运而生，它们成为行业繁荣的象征。在汉语中，最基本的颜色词汇是黑和白，在此基础上，逐步增加的颜色词汇包括红、黄、蓝、白、黑、绿、灰、紫、棕、褐、橙等11种不同的颜色范畴。现代汉语中存在许多稳定、富有表现力的基本色彩词，它们可以作为词根，衍生出以其为中心的大量彩色词汇。汉语中的基本色彩词以中国的五行色相说分别为"红、青、白、黑、黄"。

（三）中日两国色彩词汇及文化内涵对比

就汉族而言，古代对颜色就有正色和间色之分，在《古代日本語における色名の性格》一文中的记载，日本的色名的起源是赤、黑、白、青这四种颜色，在当时日本人的色彩观念中，是将黄色也归在赤的色相上。鉴于汉语和日语对赤、黑、白、青、黄五色的地位认同，下面主要围绕这五种颜色展开论述。

（1）"蓝色、绿色/青（あお）"，青、绿、蓝绿、蓝、青为近似色彩，在中文里最常用的是"青"字，"蓝"字的构词力较弱。汉语的"青"作为颜色讲时，除青色外，又有蓝色、绿色、黑色的意思。表示青色的词，如青草、青松等；表示蓝色的词，如青天、青云等，青天后来也比喻清官；表示绿色的词，如青翠、青葱、不分青红皂白等；表示黑色的词，如青丝、青衫等。现代汉语里的黑色已不用"青"色表示了，"青"也有未成熟之意，如"青苗，青果"，形容人的不成熟还有"楞头青"等，而"青梅竹马"是比喻天真无邪，从小在一起玩耍。现代汉语已经将"青"包含的这些颜色分开来说了。如"青出于蓝而胜于蓝"的"蓝色"，"蓝天""海蓝"等。"蓝图"指美好的前景。"绿"除了"绿叶、绿茶"等表示颜色之外，也有了其他意义，如"绿色食品、绿色蔬菜"等，是指没有污染的东西。日语中的"青"一般只用来表示绿色或者蓝色，并不能表示黑色。日本的"青"是一种跨度广泛的色彩，它包括了绿、蓝、青、灰，甚至近乎白色的多种色调。日语中就有"青空"（蓝天）"青海"（蓝色的海洋）"青山"（翠绿的山）"青信号"（绿色信号灯）等多种描述，可见青色的复杂性。日语中"青"作为三原色之一，其代表范围是非常广泛的。另外青还可以接在名词或者形容词之前，表示不成熟、年轻的意思，如"青二才"等，由于日语中的"青"既可以表示绿色，又可以表示蓝色，所以，汉语中与之相对应的词非常多。关于青色的进一步分类，中日文表达方式的主要对应关系如下：青绿色与绿青 / エメラルドグリーン、淡绿色与青磁色 / コバルトブルー、浓绿色与草色、深绿色与松葉 / ダークグリーン、蓝色与青色ブルー、深蓝与紺碧 / ブルーブラック、淡蓝色与水色 / ライトブルー、天蓝色与空色 / スカイブル。日本的自然环境大部分由山水组成的，"青"因此被看作大自然的颜色，是一种包围着日本人生活的颜色。在日本人看来，青色，就是人类生活舞台的颜色。日本自古以来便有生命和"美、清净"有密切关系的思想，日本人认为，青葱的山上绿树葱郁地生长，这种洋溢着生命力的状态，就是"美"。

（2）"红色 / 赤（あか）"，红是血与火的颜色。古人源于对日神的崇拜，将红色神圣化，认为它是喜庆、成功、忠诚、温暖和兴旺的象征。在中国的传统婚礼上，有贴红喜字，点红蜡烛，新娘盖红盖头，穿大红袄的习俗；春联表示喜庆，必用红纸书写；受领导器重的人被称作"大红人"；"满堂红"比喻全面获得胜利；"红榜"指公布于众的光荣榜；"走红"指人发迹或出名；在戏曲中用红色脸谱来体现忠义、耿直的品行。在汉语中，"红"还暗含着"女性"与"爱情"。例如，"红楼"不仅指红色的房子，更指华美的闺房，如李商隐名句"红楼隔雨相望冷，珠箔飘灯独自归"，曹雪芹《红楼梦》中的"红楼"更是如此；"红颜"指美女，如吴伟业的《圆圆曲》中的"痛哭六军皆缟素，冲冠一怒为红颜"；"红袖"指艳妆女子，杜牧《南陵道中》"正是客心孤迥处，谁家红袖倚江楼"；"红豆"象征"爱情、相思"，王维《相思》："红豆生南国，春来发几枝，愿君多采撷，此物最相思"；"红定"指旧俗定婚时男方送给女方的聘礼；"红娘"指助人结成美满婚姻的人或物；"红鸾星"主人间婚姻喜事。在中国现当代，红色带有浓重的政治色彩，

红色象征着革命与进步，如"红军、红色根据地、红色政权、又红又专、红宝书、根正苗红"等，这一点也不同于日语的"赤（あか）"。在日语中，"赤あか"被看作是血与夕阳的颜色，人们也用"赤（あか）"和"紅（べに）"两个不同的汉字来表达红色。例如，"赤砂糖（あかさとう）"是指红糖，"赤御飯（あかごはん）"是指将糯米和赤豆煮在一起所做的饭，一般用于喜庆的场合；"赤子（あかこ）"和"赤ちゃん（あかちゃん）"都是指婴儿；"赤電車（あかでんしゃ）"是指以红灯为标识的末班电车；"赤切符（あかきっぷ）"是指国铁的三等车票或乘客，由于车票的颜色是红色的，所以称之为"赤切符（あかきっぷ）"；"赤電話（あかでんわ）"是公用电话的通称。虽然现在的公用电话的外壳有黄色的、绿色的、灰色的，但是公用电话刚刚产生时，它的外壳却是黑色的。昭和28年，"电气通信省"改组为电信电话公司（NTT）之后，它的颜色被改为红色，据说从此就深受群众的喜爱，使用也渐渐普及开来了。日本邮政的代表色与中国用绿色不同，使用的是红色。日语中有"赤行囊（あかぎょうのう）"一词，它指代邮局传递挂号信件等重要邮件的邮袋。"赤（あか）"除了表示物体的颜色之外，经过引申，还有"完全的、鲜明的、清清楚楚的"等意思。刘晓霞和程放明等都认为，日语中很多由"赤（あか）"构成的词或词组大多带有贬义性。例如，"赤本（あかほん）"（黄色书刊）、"赤新聞（あかしんぶん）"（黄色报纸）、"赤他人（あかのたにん）"（陌生人）、"赤嘘（あかうそ）"（无耻谎言）、"赤下手（あかへた）"（拙笨透顶）、"赤恥（あかはじをかく）"（当众出丑）、"赤字（あかじ）"（入不敷出）、"赤面（あかめん）"（惭愧、害臊）、"赤点（あかてん）"（不及格的分数）、"赤グット（あかグット）"（明治时代进京的乡下佬、土包子）、"赤信女（あかいしんにょ）"（寡妇）等。

（3）"黑色/黑（くろ）"，在中国古代，黑色为天玄，在中国文化里有沉重的神秘之感，是一种庄重而严肃的颜色。在汉代，文官上朝都穿黑色的衣服。《汉书·文帝纪》说文帝"身衣弋绨（黑色丝织物）"，可见黑色衣服连皇帝也很青睐。在西方，黑色的西装和礼服一直是人们最为崇尚的传统服装，在一些庄重的正式场合，人们都喜欢身着黑色服装，如交响乐团演员的黑色西装，法庭上的法官身披黑袍，都显示了庄严和尊重。在当今，随着我国改革开放的深入，中国与西方社会的交往日益频繁，在服饰颜色上也越来越相似，趋于吻合。黑色还象征着死亡、

苦难和悲伤，所以西方人在葬礼上穿黑色服装，现在中国人去参加葬礼时佩戴黑纱，以示对死者的哀悼。另外，由于受到西方文化的影响，汉语中"黑"的象征意义显得较为复杂。它的引申含义主要还有"昏暗无光"（黑灯瞎火、黑夜），"私下的、秘密的、非法的"（黑话、黑社会、黑市），"邪恶"（黑心、黑手）。在日本，黑色是像墨一样的颜色。黑色在日语中的含义也是两方面的。一是表示庄严、肃穆。在日本，黑色的西装同样被认为是出席正式场合时（例如就业面试等）必不可少的服装；另一方面，"黒（くろ）"与"白（しろ）""赤（あか）"相反，具有"死亡、不幸、肮脏、邪恶、不正、犯罪"等否定意义。古代日本人把黑色当作"死亡之色"，在推古天皇制定的冠位十二阶中，黑被排在了颜色的最后一位。到了平安时代，黑色越发成了代表悲伤、绝望的颜色，丧服的黑色成了哀悼的象征。所以，日本人在丧事中一般穿黑色衣服，以示肃穆、庄严。"黒くろ"象征着不幸，如在相扑比赛中，日本人用"白星（しろぼし）"表示胜利，用"黒星（くろぼし）"表示失败。"黒（くろ）"象征着不正，如日语中有"黒霧（くろいきり）"一词，该词源自松本清张的《日本の黒霧（にほんのくろいきり）》，指政治经济界存在的不正当的行为。"黒（くろ）"象征着犯罪，如"あいつは黒（あいつはくろだ）"（那家伙有很大的嫌疑）。"黒（くろ）"象征着邪恶，如"腹の黒い男（はらのくろいおとこ）"（心黑的男人）。以上例子可以说明黑色在汉语和日语中都可以表示不好的意思。但是，在日语中，若要表示"私下的、秘密的"的意思，一般用"闇（やみ）"而不用"黒（くろ）"。例如，汉语的"黑市"翻译成日文则成了"闇市（やみいち）"，日语的"闇取引（やみとりひき）"是"违法进行私下交易"的意思。另外，在汉语中，"黑"也被用于表示政治上被否定的事物。

（4）"白色/白（しろ）"，大约从汉代开始到唐代，普通平民只能穿白色的衣服。在当时，白色是低贱的象征，虽然后来这一规定被取消，但白色却长期未能摆脱令人不悦的附加意义。汉语中的白色和红色一样，曾带着浓重的政治色彩，白色象征着落后、反动、反革命，如"白军、白匪、白色政权、白色恐怖"等。20世纪50年代，白色还象征缺乏觉悟，出现了"白专、白专道路"等词语。另外，汉语中有些与"白"字搭配的词组，实际上与颜色没有什么联系，而是表达另外的含义，如"白开水、白字、打白条"等。白色还指"处理而得不到好处、没有效果"，如"白忙、白费心机、白干"；或"不付代价"，如"白吃白拿、白

送"；或把缺乏锻炼、阅历不深的文人称作"白面书生"。在日语中，白色象征着圣洁、真实和纯洁无瑕，从古至今一直被日本人所推崇。古代日本以白色象征清明、纯洁，甚至认为白色拥有不可思议的力量及神性。日本固有的宗教——神道崇尚白色，认为凡是带色彩的都是不洁净的。而且，这种白色审美意识，更直接、更具体地渗入日本人的日常生活中。据史料记载，在日本的上古时代，进贡给神的东西都是白色的；在奈良时代的律令《養老令（ようろうれい）》中，白色被视作天子的颜色；日本人举行和式婚礼时，新娘穿的礼服叫"白無垢（しろむく）"，以白丝为主，十分讲究，显得纯洁、高雅；在一些重大的场合，女性也一般会以白色和服为正式礼服。日语中很多与"白（しろ）"有关的词语也与日本独特的社会背景联系在一起。如在日本的国会中投的赞成票被称为"白票（はくひょう）"，反对票被称为"青票（せいひょう）"。日本的私家车牌照通常用白色标示，有"白ナンバー（しろナンバー）"（白牌照）表示私家车的用法。而在中国，白色的牌照却一般为警车等政府用车。日语中"しろタク"（白色出租车）指的是用自家用车来跑出租，即非法的出租车，相当于汉语的"黑出租"。"白（しろ）"在日语中还有"清白无罪"的意思。如"容疑者は白ときまった（ようぎしゃはしろときまった）"（嫌疑犯被判为无罪）、"僕は絶対に白い（ぼくはぜったいにしろい）"（我绝对无罪）等都是日语很有特色的表达方式。

（5）黄色/黄（き），黄色在中国古代是备受尊崇的颜色，具有尊贵、庄严、辉煌的象征意义。之所以如此，是因为在汉代以后，阴阳五行学说被加入了"君权神授"的儒学思想，对"黄色"的解释也被加入了神学和儒学的观点。"黄者中和之色，自然之性，万古不易"[①]。黄色是万世不易的大自然之色，代表了天德之美。在封建社会中，黄色被历代帝王所推崇和垄断，被称为"帝王之色"，只有皇帝才拥有黄色物品的使用权。如"黄袍"是天子的"龙袍"，"黄榜"是天子的诏书，"黄屋"是帝王乘的车，"黄门"是汉时为天子供职的官署，"黄马褂"是清朝皇帝钦赐文武众臣的官服等。随着时间的推移和社会的进步，"黄色"在现代汉语中被赋予了新的含义。"黄色"一词有时象征"低级趣味、色情庸俗"，究其原因，"黄色"的这一引申义的产生是引自西方并经汉化而成的。

19世纪，美国的《纽约世界报》（New York World）刊登了以黄色纸张印刷

[①] 简宗梧.文选[M].北京：九州出版社，2018.

的连环漫画《黄孩儿》(Yellow Kid)，并通过漫画和文字报道渲染耸人听闻的社会新闻，后被称为"黄色新闻"。"黄色新闻"一词传入中国后，其含义由庸俗的"下等新闻"转变成了"下流新闻"，后又强调了"黄色"的色情含义，在更加广泛的范围内使用，出现了"黄色电影""黄色小说""黄色录像"等说法。近些年来，随着计算机软件的普遍应用，出现了"黄色软件"。而在日语中，代表色情的颜色是外来语"ピンク"（粉红色），故有"ピンク映画"（黄色电影）、"ピンク雑誌"（黄色杂志）、"ピンクサロン"（色情按摩店）、"ピンク街"（色情街）等用法。这是因为在日本文化中，人们认为"粉红色"能使人联想起女性微微泛红的皮肤，因此该词常被用于与性有关的表达。汉语中有"黄页"一词，翻译成日文是"イエローページ"或"職業別電話帳（しょくぎょうべつでんわちょう）"，它是指按不同的行业划分排列的一本电话号码查号簿，专载公司、厂商等电话用户的名称及号码，通常附有分类广告，它与"黄"的引申义毫无关系，只因为它是用黄色纸张印刷的，所以称之为电话号码簿中的黄页部分。在汉语中，"黄"还用来形容年轻、幼稚，如"黄童"指幼童；"黄毛丫头"形容不谙世事或未发育成熟的少女；"黄口小儿"指幼稚无知的少年。另外，在汉语口语中，"黄"有时也表示事情失败或计划不能实现，如"那笔买卖黄了""这么好的事情，都让她给搅黄了"等。在日语中，黄色远没有这样的文化内涵，甚至在古代日语中，固有的颜色词中根本没有黄色，"黄"作为颜色词是在平安时代，中国的五行思想传入日本后才开始使用的。而且，黄色在日本古代是表示低等级的颜色，《古事记》中除了用"黄泉（こうせん）"表地狱之外，是不使用这个颜色词的。在现代日语中，既有"黄金時代（おうごんじだい）""黄金週間（おうごんしゅうかん）"这样的褒义词，也有"黄色新聞（おうしょくしんぶん）"这样的贬义词，但是黄色的贬义用法并不象汉语那样广泛。例如，汉语的"扫黄"一词，日语应译为"ポルノを取締まる（とりしまる）"。另外，日语的黄色还表示不成熟，如"嘴が黄色い（くちばしがきいろい）"（乳臭未干），多用来讥诮经验不足、无知的年轻人，为贬义。"黄色い（きいろい）"还可表示女人或孩子的尖叫声，如"黄色い声を出す（きいろいこえをだす）"（尖叫）、"黄色い声を張上げる（きいろいこえをはりあげる）"（发出尖叫声）。

三、日汉文化词汇对比与翻译

"文化词汇"是一些学者用来强调具有深厚文化内涵的词汇下的定义。语言和文化是紧密相连的，二者难以分割。文化通过语言传递，而语言同时也对文化产生影响并反映出文化内涵。文化和语言相辅相成，缺一不可。汉文化和和文化截然不同，这两种民族文化之间的差异在语言方面得到了体现，表现出不同的语言特征。作为社会的一部分，语言承载着文化的精髓，无论是在广义上还是狭义上，都彰显着文化的影响。在历史中，人类通常会将语言作为思考的工具，由此创造新的文化，而这些新的文化又会促进新的语言的产生，反过来又衍生了新的文化。文化和语言彼此相互依存和交融，相互影响和互相映照。语言的基石是词汇，它是支撑语言系统的关键。不同民族文化之间最明显、最广泛的差别就表现在词汇层面。

（一）地理环境与文化词

日本是一个周边环绕着水域的岛国，地形多为山地，平原较少，因此其自然环境与大陆区别很大，有些词汉语中无法找到与之相符的词汇。比如"沖（おき）"这个词在日语中指的是远离海岸和湖岸的水面，但在汉语中找不到一个意义完全对应的词汇，只能用"海上"或"湖心"等类似的表述。这是因为在大陆环境下成长起来的汉语在海洋领域的词汇不如日语丰富。日本地形山峦起伏，平地较少，这在古代时期给交通带来了极大的不便，人们经常需要跋山涉水才能到达目的地。在日语中，"峠（とうげ）"是指山顶上连接上山和下山路的交叉点，而这个词在汉语中没有对应的常用的词，只能用"山顶"来翻译。

（二）神话传说、宗教信仰与文化词

在日本的民间传说中有一种名为"河童（かっぱ）"的知名妖怪。据传，河童是一种水陆两栖的神秘生物，外形像虎而嘴像鸟，全身覆盖着鳞片，背上还有乌龟壳，高度与四五岁的小孩相当。河童的头顶有一个凹陷，其中储存着一定量的水，水量充足时它会变得十分强壮，但水量不足时，河童的身体则会变得极度脆弱。虽然河童这一形象与中国神话传说中的河伯或水鬼有一定的相似，但两者还是有一些差异的。目前通常使用"河童"这一名称进行翻译，并在旁加注说明。

这种神话传说中的人物形象难以准确翻译成另一种语言，最好的方式便是提供注解。词语的翻译也会受到宗教信仰的影响。在宗教中，人们常常难以将形象和器物等翻译成其他语言，但这并不是完全不可能的。在日本人信仰的宗教中，存在一种源自日本本土的宗教，即神道。

"三種の神器（さんしゅのじんぎ）"这个词便和神道密切相关，它指的是三种神器。它包括八尺镜、天业云剑和八尺琼曲玉，它们代表着皇位，在日本天皇之间世代传承。后来民间百姓开始使用这个词来指代三个非常重要的物品。20世纪50年代后期，日本人开始把黑白电视、洗衣机和冰箱视为现代家庭必须的设备，将其称为"三種の神器"。后来，日本企业用它来指代支持企业经营的三大支柱，即终身雇佣制、论资排辈制、企业内工会制等。因此，若我们对"三種の神器"这一术语的宗教文化背景有深入的了解，就可以更精准地理解其含义。"三大法宝"是汉语中可以找到的非常贴切的翻译，两个词可以表达同样的意义。在中国传统文化中，法宝是指仙家所拥有的具备强大法力的宝物。"三大法宝"这个词在社会生活中也常被使用，如在应试教育中，我们常常会听到"获得优异成绩的三大法宝是……"这种说法。"三種の神器"和"三大法宝"都带有宗教性质，并且都在当代社会中被广泛应用。

（三）社会历史与文化词

中国流传到日本的许多词语，在经历了日本独特的社会历史和文化变革后，发生了相当大的变化。例如，"浪人"是一个古代汉语词语，指的是那些没有固定职业终日流浪的人。该词在传入日本后经历了一些演变，在德川幕府时代，那些没有收入、流离失所的武士被称为"浪人"。而随着时代的变迁，这个词的意义再次发生了转变，现如今它用来形容那些在升学考试中失利或未能被公司录取而待在家里无所事事的年轻人。在近现代的日本，"浪人"一词通常指代备受关注的社会阶层，然而现代中国社会已经很少使用这个词语了。将这个日语词翻译成汉语自然也很困难，因为没有一个确定的汉语词语能够完全表达它所包含的意思。可以在不同的场合使用"失学的学生"或"社会青年"来表达相同的含义。不过不同的历史所蕴含的经验也有着共通之处。比如，日语俗语"敵は本能寺にあり（てきはほんのうじにあり）"的意义是有别的意图。这个词的来源可以追溯到日本战国时代的一个历史事件，明智光秀对外宣称自己要去打毛利，但实际上他要攻击的却是在本能寺的织田信长。汉语里的"声东击西"可以表达同样的意思。尽管"敵は本能寺にあり"的词义具有特定的历史文化背景，但翻译成"声东击西"则能够使汉文化环境中的读者感同身受。如果在翻译中能够灵活运用具有相似文化内涵的词语，并且不改变原意，那么翻译的表达便会更加出色。

（四）审美意识、价值观与文化词

　　文化差异导致人们的审美观念不同，从而也导致了翻译时的障碍。文学作品中就存在这样的障碍。"物の哀れ"一词可以说是与日本文学关系最深的词，从某种意义上甚至可以说是日本文学的灵魂。这个词，中国人经常直接把它翻译成"物哀"。但"物哀"究竟又是什么意思？是对物体的哀伤吗？还是仅仅就是哀伤？

　　其实"哀れ（あはれ）"，最初并没有"哀"这个字，而只是一种感叹的意味。日语中"ああ"的汉字写作"呜呼"或"噫"，"はれ"写作"感"，都是感叹的意思，换成现代汉语就是"啊""哟"之类的感叹词。《源氏物语》将"あはれ"发展成了"物のあはれ"，"あはれ"是心中情感，"物"是客观事物，"物のあはれ"就是心物融合时产生的情绪。王国维《人间词话》有云："有我之境，以我观物，故物皆著我之色彩。"日本文学描景绘物，无不带有一缕细腻柔和的主观感情色彩。这种"物のあはれ"之情可以是悲伤、怜悯、失望，可以是感动、喜悦、赞赏，抑或是思恋、共鸣。叶渭渠先生在《日本文学思潮史》中说久松潜一博士将"物のあはれ"的特质分为五大类，"一感动，二调和，三优美，四情趣，五哀感。而其最突出的是哀感。"[1]

　　由此可见，"あはれ"本无汉字，"物のあはれ"也并不仅仅是哀伤。但是哀伤之情毕竟是触景最容易生的情，也是人心中最深切的触动，后人便将"物のあはれ"写成了"物の哀れ"。我们在翻译时应该了解这个词的背景，放入具体语境中细加揣摩，根据具体语境具体分析，然后对其进行适当的翻译。不能一味地翻译成"悲伤"，更不能直接用"物哀"这样一个汉语中没有的词语来给读者造成困难。

　　具备文化背景的日语词，我们应当尽量避免将它硬生生地嫁接到汉语中来，而应该寻找到与这些词语演变和使用的情境，再进行移植。当然，有很多词语确

---

[1] 叶渭渠. 日本文学思潮史 [M]. 北京：经济日报出版社，1997.

实很难找到完全对应的翻译。本书中提到的地理环境、社会历史、宗教信仰、审美意识与价值观等因素是构成文化背景的重要内容，但是广义的文化背景，内涵远远不止这几项因素。词语的文化背景有可能使词语翻译陷入困境，但无论受何种文化背景因素影响，在翻译时都要尊重词语的文化背景和原文语境，力求反映词语的原意。

第二节　中日修辞、语用对比与翻译

一、日语语言修辞、语用研究

　　语言的修辞方式与语言本身的结构有紧密的联系，日语亦是如此，不论写文章，还是讲话，在我们的语言生活中始终要求通顺、明白、准确，而且还要精炼、生动、优美。要在语言的组合上采取多种修辞方式，日语的修辞方式与日语本身的结构有着紧密的联系。

　　日语作为成熟的语言有其自身的特点，除词汇、语法上的特点外，在修辞上也有不同于其他语言的特点，在日语的语言生活中，无论是议论、叙事，还是描写，人们常常能十分生动地运用贴切的比喻、比拟及适度的夸张、反问等修辞方式来丰富语言的内涵，表达不同的思想内容。

　　日语的修辞方式也称"修辞格"或"辞格"，它是在修饰、调整语言，提高语言表达效果中形成的种种修辞方式或格式。它是修辞范畴的特有现象，是修辞领域中的一个重要方面。熟悉地掌握它，不仅有助于说和写，也有助于阅读和讲授。说话和写文章时，可选择的修辞格较多，日语中的修辞格有很多种，从语言的内容方面着眼可以找到如比喻、夸张、反语等修辞方式；从语言的形式方面着眼可以发现对照、叠用等等，这两类修辞方式性质不同，但也不是截然分开的，有时它们相互关联并相互融合、相互补充。日语的修辞方式很丰富，其中有些是常用的。

　　在明治时代引进的西方修辞学中，关于体裁、内容、构成、文体、修辞格，规定了很多规则，而当时的日本学者又结合日语本身的特点，将其本土化、细致化。其中，尤以给后世的日语修辞理论研究带来深远影响的日本修辞史上两部修辞理论巨著，即岛村抱月的《新美辞学》和五十岚力的《新文章讲话》为最，其详细而细致地对日语修辞格进行了分类。岛村抱月在《新美辞学》中将日语的修辞格分为四大类：比喻法、化成法、布置法、表出法。比喻法包括：直喻法、隐喻法、提喻法、讽喻法、引喻法、声喻法、字喻法、词喻法、类喻法、换喻法等十种。化成法包括：拟人法、顿呼法、现在法、夸张法、情化法等五种；布置法包括：对偶法、渐层法、反复法、倒装法、照应法、转折法、抑扬法等七种；表出法包括：惊句法、问笭法、设疑法、咏叹法、反语法、曲言法、详略法等七种。

  岛村式分类为后人的研究提供了非常宝贵的主线条，但也有其不足之处。例如，有关比喻法的分类就显得不够精准，往往将"化成法"中的"拟人法"放在比喻法中提及，而且占有重要位置。另外，"顿呼法"也没能完全脱离"拟人法"，仍然残留着比喻的味道。再有，同样是"化成法"中的"夸张法"也是一种比喻，有的学者将它命名为"张喻"放到了比喻法当中。五十岚力的《新文章讲话》中为日语的"词姿"（即修辞格）建立了八大原则，即结体原则、膨化原则、增义原则、存余原则、融会原则、奇警原则、顺感原则、变性原则。将"词姿"又细分为以下几种：（1）直喻法（2）隐喻法（3）讽喻法（4）活喻法（5）结晶法（6）问笭法（7）举例法（8）夸张法（9）现写法（10）对照法（11）抑扬法（12）换置法（13）括进法（14）例变法（15）详悉法（16）稀薄法（17）美化法（18）曲言法（19）引用法（20）隐引法（21）绿装法（22）重义法（23）举隅法（24）侧写法（25）省略法（26）断变法（27）接離法（28）反言法（29）皮肉法（30）設疑法（31）倒装法（32）渐层法（33）飞移法（34）序次法（35）连销法（36）警句法（37）奇先法（38）反覆法（39）对偶法（40）避板法（41）拟态法（42）咏汉法（43）情化法（44）方便法（45）遮断法（46）变态法（47）超格法。相对于岛村式分类，五十岚式分类更加详细，当然，从现代表现论来看，这样的"词姿"分类显得过于烦琐，但也必须承认，在分析作品时毕竟有效的一面。某些现代修辞学学者将修辞格分为三大类：以比喻为目的的修辞格、以增强效果为目的的修辞格、以变求趣为目的的修辞格。又具体分为以下修辞格：（1）直喻（2）隐喻（3）讽喻（4）提喻（5）换喻（6）活喻（7）张喻（8）引喻（9）声喻（10）词喻（11）字喻（12）渐层法（13）反复法（14）对比法（15）反语法（16）感叹法（17）省略法（18）现在法（19）侧写法（20）说疑法（21）倒置法。如前所述，岛村抱月将比喻修辞格分为十种，陈伯陶继承和延续了这种分类方法。仔细分析岛村式分类中各种修辞格的运用手段可以得出："比喻法"和"化成法"是为了更明确、更生动地说明事物，而以"比"作为手段的修辞格，"比"中兼顾"喻""拟""代"等；"布置法"和"表出法"是为了增强效果对句式结构和语气形式进行调整的修辞格。综合岛村式分类和陈伯陶式分类，作者将日语修辞格分为两种类型："通过假借其他语言材料，增加形象性和说服力"的修辞格（简称"说明"型修辞格）和"通过句式的设置和语气的调整，增加艺术性和感染力"的修辞格（简称"增效"型修辞格）。当然，增加了形象性就会提高艺术表现力，增加了艺术表现力就会有助于说明和传达，两者是相辅相成的，并不能说界限十分清晰，只是偏重稍有不同。"说明"型修辞格又可以细分为：以"比喻"为手段的修辞格（简称"比喻修辞"），以"比拟"为手段的修辞格（简称"比拟修辞"），以"借代"为手段的修辞格（简称"借代修辞"）；"比喻修辞"包括：直喻法、隐喻法、讽喻法、夸张法、引用法等修辞格；"比拟修辞"包括：拟人法、拟物法、拟声法、拟态法、拟字法等修辞格；"借代修辞"包括：换代法、提代法等修辞格；"增效"型修辞格又可以细分为：以"调整句子结构"为手段的修辞格（简称"调式修辞"），以"改变句子语气"为手段的修辞格（简称"变势修辞"）。"调式修辞"包括：反复法、渐层法、对比法、省略法、倒置法、现在法等修辞格；"变势修辞"包括：委婉法、反语法、反问法、感叹法等修辞格。这些分类以及各分类中的细分出来的各种修辞格，有时是相互关联，有时是相互融合，有时是相互补足，并不是完全分开的，如"比拟修辞"也可以放入"比喻修辞"当中；讽喻法既属于"比喻修辞"，也带有"借代修辞"的特征；渐层法既可以分到"调式修辞"中，又可以分到"变势修辞"中。

二、日汉语常用修辞、语用比较

日语中有很多修辞手段和汉语相同或相似，但也有不同之处，比如日语中的逆说。(反论)法就是汉语里所没有的，而汉语中的"顶真""回文""错综"等修辞手法又是日语修辞所不具备的。因此，就日汉修辞进行比较就变得有意义了。下面对日汉语中都经常使用的修辞法进行一下比较。

（一）日汉语比喻比较

比喻在日语和汉语中都是使用频率最高的修辞手段，它们的作用都是使语言形象、精炼、生动，增强语言的具体性、实感性、鲜明性。虽然二者之间有很多相同之处，但它们也有不尽相同之处，日本文章学专家中村明在《比喻表现辞典》中把日语的比喻分为四类即：直喻、换喻、隐喻、提喻。在现代汉语中，比喻一般划分为三类：明喻、暗喻、借喻。下面就围绕着日汉语比喻的异同点逐一考察。

1. 日语的"直喻"和汉语的"明喻"

日语的"直喻"（有时也称"明喻"）和汉语的"明喻"基本上是一致的，它们都具有本体、喻体和喻词。日语的喻词主要有"ようだ""みたいだ""ごとく""ごとき"等，一般使用"XはYのようだ""XはまるでYみたいだ""YはそっくりのX""XはYのごとくである"等形式。例如：

（1）駒子の唇佳美しい蛭（ひる）の輪のように滑らかだった。/驹子的嘴唇像美丽的水蛭圈似的光滑。

（2）私はちょうど霧の中に閉じ込められる孤独の人間のように立ちすくんでしまったのです。/我简直像被笼罩在迷雾中的孤独的人一样呆立不动。

汉语的明喻喻词较多，比如"像、如、似、仿佛、好像、犹如、有如、好比，恰似"等等。有时喻词还有"一样、似的、一般"等放在喻体之后与前面的喻词"像、如"等相呼应，结合成。"像……似的""如……一般"等形式。例如：

（3）她们从小跟小船打交道，驶起来就像织布穿梭缝衣透针一般快。

（4）深入生活好比挖井，虽然直径不大，可是能够穿透许多层土壤。

2. 日语的"隐喻（いんゆ）"和汉语的"暗喻"

这两者也基本相同，它们利用两个事物的相似性，用一个事物表示另一个事物。日语的"隐喻"有时也称"暗喻（あんゆ）""混喻"，而汉语的"暗喻"也称"隐喻"。汉语的"暗喻"其特点是本体和喻体均出现，但喻词一般为"是、变成、等于、成为"等，暗喻常常带有强调和夸张的语气。日语的"隐喻"其本体也出现，但喻词常用断定助动词"だ"等形式。例如：

（1）あたりは一面の火だ。/周围是一片火海。

（2）杀出一条生存的血路的东西。

日语的"隐喻"有时也用具体动词来作喻词，运用词语的引申义来打比方。例如：

（3）疲れて足が棒になった。/累得腿都酸了。（なった是喻词）

（4）よく見ると、その向うの松林の前には数知れない蜻蛉の群が流れていた。/ 仔细一看，对面松树林前面有数不清的蜻蜓在漂动（流れていた是喻词）。

（5）巧云十五岁，长成了一朵花。

（6）冬梅……平素也不爱多说多道，总是蒙着头干活，本来就爱脸红，经人们这样一逗，脸一下子变成了块大红布。

3. 日语的"换喻""提喻"和汉语的"借喻"

日语中的"换喻"和"提喻"只出现本体和喻体，不出现喻词，这和汉语的"借喻"是一致的。在明喻和暗喻中主体和客体一齐出现来构成比喻，但"换喻""提喻"和汉语的"借喻"既不提出客体跟主体比较，也不是把主体说成客体，而是用原来适用于描写客体的词语直接借用来描写主体或代替主体。日语的"换喻"基本上相当于汉语的"借代"。例如：

（1）この春休みに漱石を全部読んだ。/ 这个春假我把夏日漱石的作品全读了。

（2）また白バイにつかまっちゃった。/ 又被那（骑）白色摩托车（的警察）抓住了。

（3）先生，给现钱，袁世凯，不行吗？

（4）"你儿时见过，大嫂子？"绒帽子笑了笑，把那装好烟丝的旱烟袋递给胡子。

上面几个例句中，（1）中的"漱石"指的是"夏日漱石的作品"；（2）中的"白バイ"指"骑白色摩托的警察"；（3）中的"袁世凯"特指"印有袁世凯头像的银元"；（4）中的"绒帽子"和"胡子"则分别指的是"戴绒帽的人"和"留胡子的人"。

日语的"提喻"和汉语的"借喻"基本上是等同关系，喻词均不出现。"提喻"一般指在表达某一事物时，用该事物的上位语或反过来用该事物的下位语表示该事物的一种修辞法。简而言之，它是以事物的部分表示整体，或以事物的整体代替部分的修辞方法。例如：

（5）人はパンのみにて生きるにあらず / 人不是光靠面包生活。

（6）下人は、老婆を突き放すと、いきなり、太刀の鞘を払って、白い網の色をその眼の前へつきつけた。/仆人把老太婆推开，他突然横着拉开刀鞘，把闪亮的钢刀摆在老太婆的面前。

（7）三个臭皮匠，抵个诸葛亮。

（8）中国共产党早就下了决心，要挖掉这两座山……我们也会感动上帝的。

（5）中的"パン"是"食物"的下位语，代表了食物。（6）中的"白い網"是"白い網の太刀"的上位语，代替了"白色的钢刀"。（7）中的喻体"臭皮匠"代替了本体"一般人"，喻体"诸葛亮"代替了本体"智者"。（8）中的"两座山"是喻体，直接代替本体——帝国主义、封建主义。"上帝"是喻体，代替了本体"人民大众"。

4. 日语的"声喻"和汉语的"摹绘"

日语中的拟声拟态词很多，它们用在文章和句子中时称"声喻"，日语的拟声拟态词实际上就是汉语的象声词。两者起的作用完全一样，即运用语言中的词语或以音节摹写客观事物的听觉（声音）或其他感觉（包括颜色、气味、景象、形态、情态等感觉）。日语的拟声词与汉语的摹声音的象声词基本对应，而日语的拟态词与其他五种象声词基本对应。日语的拟声拟态词中有的既是拟声词也是拟态词，比如"がんがん""ぎくぎく"等就属此类。在描绘一些事物时，光有拟声词不够，还必须要有足够数量的拟态词。比如形容"笑"的拟声拟态词就有很多，其中既有拟声词也有拟态词，如"けらけら""げらげら""くすくす""きゃっきゃっ"属拟声词，而"にこっり""にやにや""にたにた"等属于拟态词。汉语中有关形容"笑"的象声词也不少，但没有日语的数量多，比如"哈哈大笑""噗嗤地笑了""嘻嘻地笑"等属于摹声词，而"笑嘻嘻""捧腹大笑""窃笑""抿着嘴笑""贼笑"等属于摹形态的象声词。而"哄堂大笑"则属于兼有摹声音和摹形态两种功能的象声词。

日语的"声喻"和汉语的"摹绘"一样，它们都可以增加生动性和形象性。拿汉语为例，"小苗出齐了"不如说"绿油油的小苗出齐了"生动，而说"黑色土地"不如说"黑油油的土地"形象。汉语中一般不把"摹绘"纳入比喻范畴，而日语中则有很多有关修辞的书上都把它列入"比喻"的范畴内。"声喻"和"摹绘"也分褒贬。还拿"笑"作例，"声喻"中"にやにや"（冷笑、皮笑肉不笑）就是贬义的修辞。如果把它用汉语的摹声词来表示就是"哼哼"（冷笑），"嘿嘿则是奸笑时发出的声音。总之不管是声喻也好，摹绘也好，使用它们时一定要分场合，要注意文体。在科学论文和应用文中一般是不使用这两者的。

（二）日汉语比拟比较

比拟是日语和汉语中常见的修辞方式，它借助想象力把生物当作人来描写，把无生命的东西当作有生命的东西来描写。有时候又正好相反，把人或者其他有生命的东西当作无生命的东西来描写。在日语中，前者叫"拟人法"，后者叫"结晶法"。而在汉语中前者叫"拟人"，后者叫"拟物"。

1. 汉语的拟人法

汉语的拟人法又可以细分为以下几类。

（1）把有生命物当作人来描写，它又可以分为两类。

第一种是把动物当作人来写，例如：

①大青牦最大的特点是吃苦耐劳。它干起活来，闷头苦干，一天能犁十亩地。它认真严肃，一丝不苟。

②风为之而息下来了，也轻轻地不敢吹拂，鸟儿们屏住声息，不知躲到了什么地方，云彩也只留下淡淡的一缕，悄然地挂在远天的一旁。

第二种是把植物当作人来写，例如：

①春天来了，百花拉着手，唱着柔婉的曲子，歌唱幸福和欢乐。

②桃树、杏树、梨树，你不让我，我不让你，都开满了花骨朵儿。

（2）把无生命的事物当作人来写，例如：

①默默地浸在水里，谁也看不见你，永远勤勉地工作不息，把轮船送往遥远的目的地。

②太行山，亲爱的妈妈！想说出对他们的深仇大恨，人类的语言，太少了。抬头望你这群山的顶峰，这是你庄严、俊美的面容。千言万语，都在你永恒的不语中。

③门是个空框子，也不行啊，刺骨头的山风忽地闯进来，打转身又出去，出出进进由着意审，一点不客气。

从这几个例子可以看出，无论是把有生命的事物拟人化，还是把无生命的事物拟人化，在具体使用时无非就是：第一，用人称代词你、他（她）来把它们看作是人；第二，赋予它们只有人才有的行为、动作，使其具有人才有的行为。

在运用拟人法时，人们为了充分表达自己的思想感情，有时运用想象，把事物当作人来描写。这种拟人的手法有利于激发强烈的感情，增强语言的感染力，上面的例句②就是拟人法上述作用的很好体现。

2. 日语的拟人法

日语的拟人法有人认为它与"活喻法"等义，有人认为它是"活喻法"的一种。日语的拟人法没有汉语的拟人法分得那么清楚，比如没有区分开有生命物或无生命物的拟人法，它只有非情物和有情物之分，一般认为只要是把非情物比拟成有情物就是"活喻法"，但未必是拟人法，例如：

①工場のサイレンで明け、サイレンで暮れる街であった。真っ暗く、しんかんとしてしまう真夜中にもサイレンは高く永く尾を引いて吠えた。

在这个例句中，把非情物"サイレン"用作为有情物的狗的叫声"ほえる"来形容，是以物拟物。再看下面这个例子：

②水が枯れて細く、その細い溝の一部分をなお細く流れて男帯よりももっと細く、水はちょちょろ喘ぎ喘言通っていた。

这个例句中使用了"水が喘ぐ"。大家都知道除了人能"喘ぐ"之外，牛、马等动物也能"喘ぐ"。因此这个例句可以看作拟人法，也可看作以物拟物。下面一例是典型的拟人法。

③人知れず花とふたりの春なるを待たせても咲く山桜かな。

3. 日汉语的拟物法

日语的拟物法和汉语的拟物法基本一致。即把人比拟成物。日语的拟物法有时也叫"结晶法"，但它没有"结晶法"的范围广。"结晶法"还包括把动物等看作物体的修辞法。拟物法一般来说指的是把人拟为物的情景。例如：

①狭い口から物の真黒塊がドッと廊下へ吐き出され、崩れてばらばらの子供になり。（作者把孩子比拟成"物の真っ黒の塊"）

②女というものがそれ自身、全部のたぐいまれなる瞳孔の形をした穴であるようにも見えていた。（作者把女人比拟成"瞳孔をした形の穴"，是拟物法）

下面看看汉语的拟物法。它可分为四种，比日语的分法要细得多。

第一，把人当作动物写。例如：那地主的狗腿子灰溜溜地夹着尾巴逃跑了。

第二，把人当植物来写。例如：赵树理长期扎根在太行山的土壤中，汲取乡土里的营养，开出浓郁的鲜花，结出香甜的硕果。

103

第三，把人当作无生物来写。例如：通过译本所看到的巴金，"只是冰山露出在水面上的尖顶"，而这座巨大的"冰山"本身，还待有人去探测。

第四，把人当作抽象意识来写。例如：你看见了列宁，就是看见了智慧和真理，因为列宁是智慧和真理的代名词。

以上简单地对日汉语的比拟进行了比较。我们发现，尽管二者基本等同，但也有不同之处。在使用比拟修辞时，我们要注意比拟要受感情制约。在比拟中我们可以看出作者对所描写事物的爱与憎。同时也要注意到比拟要受到文体的制约，它不能用于宪法、章程、公告、通知、命令等文章中，日语如此，汉语也如此。

（三）日汉语省略比较

省略是日语和汉语中常用的修辞方式，日语省略和汉语省略两者之间既有共同点，也有不同点，下面就两者的异同点做一比较。

1. 日汉语主语省略

日语和汉语中，主语省略是最常见的现象，一般来说，主语省略需要语言环境，即需要上下文的帮助才可以省略。在不影响理解的基础上适当地省略可以使文章简洁，表达明快、不啰嗦，例如：

（1）あの連中、また来ている。[あの連中は]道具を買うという口実で、その辺にあるものを騰手にに持っていくのさ。

（2）我爱热闹，[我]也爱冷静，[我]爱群居，[我]也爱独处。

上面两个例子都是承前主语省略。下面的例子是承后省略。例如：

（3）「まあまあ、こんなになって、髭をこんなに生やして。」不意に、甲高い声が響いた。[私]びっくりして、頭を上げると、私の前には、ほお骨の出た、唇の薄い、五十がらみの女が立っていた。

（4）[我]得到奶奶去世的消息，我很悲痛。

无论在日语中还是汉语中，主语的承前省略要比承后省略常用，它们都是根据上下文关系而省略的，但是在日语中有时不根据上下文也能将主语省略。这时需要日语授受动词的帮助。由于汉语没有这样的动词，所以汉语中就没有这样的主语省略。

例如：

（5）忘れなかね。[私は]よくだっこしてあげたものだが。

这个例句不是根据上下文判断有无主语省略，而是根据授受动词"てあげる"来判断的。

2. 日汉语谓语省略

在日语和汉语中，不仅主语能省略，谓语也经常省略。日汉语的省略既有相同点也有不同点。相同点是可以根据上下文判断省略的谓语是什么；不同点是由于汉语与日语的语言结构不同、语序不同，日语是以谓语为中心的语言，谓语一般在句子的最后，而汉语是以主语为中心的语言，所以在日语中当句尾是以体言结尾时，可以称之为"体言止め"（体言结束句子）。这点汉语中没有。例如：

（1）「お客さん！起きて見よ！」高い声で或る朝、茶店の外で、娘さんが絶叫したので、私は、しぶしぶ起きて、廊下へ出て見た。娘さんは，興奮して頬を真っ赤にしていた。だまって空を指した。見ると、雪はっと思った。

（2）ゆく秋の大和の国の薬師寺の塔の上なる一ひらの雲。

上面（1）的"雪"是"雪であった"或"雪が降った"的省略形式。而（2）的"雲"是"雲が漂う"的省略形式。

再看下面这个例句：

（3）ボチヤは馬車に []、鼠が白い馬に []、そして犬と猫は御者に变りました。

这个句子中只出现了一个动词"变わる"，与其说它能够贯穿到前面的两个名词上，不如说前面的两个名词后面省略了谓语"变わる"。它是根据上下文判断出来的。同样汉语中的谓语省略也是根据上下文，视情况而省略的。例如：

（4）"你在大学里学什么？" "[] 中文。"

（5）不但穷人 []，奴隶也是要爬的。

（4）的 [] 中可加上动词"学"，（5）的 [] 中可加上动词"要爬"。这两个都是谓语省略，另外还要说明一点，由于日语中有助词而汉语中没有，所以日语中有助词的省略现象，而汉语中没有。

3. 日汉语对偶比较

日语的对偶实际上叫作"对句"，它与汉语的"对偶"在修辞方面功能相同，两者基本上是一致的，只有细微的差别。比如，汉语的"对偶"要求极为严格。它不仅要求字数相等、词性相当，还要求用结构相同或相近的成对的词组或句子来表达相关或相反的内容。汉语的"对偶"主要用于对联和古诗之中，它分正对、反对和中对三种。

（1）正对

上下联各从一个侧面说明同一事理。使之互相补充，比如：

①心美言美环境美宏图更美，人新事新年代新伟业常新。

②五年碧血翻沧海，一片丹心照汉旗。

③宝剑锋从磨砺出，梅花香自苦寒来。

上面三个例句中，例①的"心"与"人"对应，"言"与"事"对应，"环境"与"年代"对应，"宏图"与"伟业"对应，这些都是名词，而与副词"更"相对应的"常"也是副词。反复出现的"美"和"新"对应，两者都是形容词。例②中数词"五"与"一"对应，量词"年"和"片"对应，"碧血"和"丹心"都是偏正结构的词组，两者相对应，"翻"和"照"相对应，都是及物动词。"沧海"和"汉旗"也都是偏正结构的词组。例③的结构也是对仗很工整的"正对"。像上面三个例句这样平仄相对、没有重复的正对也可叫做"严对"或"工对"。唐代很多诗歌都堪称佳对。像"白日依山尽，黄河入海流。欲穷千里目，更上一层楼"等都是"正对"的佳作。

（2）反对

上下联从矛盾对立两个方面说，使之相对、统一。例如：

①宜将剩勇追穷寇，不可沽名学霸王。

②对人民，你比炭火更温暖；对敌人，你比钢刀更锋利。

③远看山有色，近听水无声。春去花还在，人来鸟不惊。

"反对"中必须要有反义词的出现，不然就不是"反对"了。①中的"宜将"与"不可"属于意义相对的词。②的"人民"和"敌人"是反义词，而"炭火"和"钢刀"、"温暖"和"锋利"虽然不是反义词，但它们的意义是对立的。③中则出现了三对反义词，分别是"远"与"近"、"有"与"无"、"去"和"来"。

（3）串对

又叫连对，流水对，它的出句和对句在意义上有连贯、因果、条件、转折等关系。例如：

①为有牺牲多壮志，敢教日月换新天。

②惨象，已使我目不忍睹；留言，尤使我耳不忍闻。

以上是汉语的"对偶"。比较起汉语的"对偶"来，日语的"对句"修辞则显得不那么发达。它同样要求结构相同，字数上要求没有汉语严格，要求相等或基本相等。相对应的词也基本上要求词性相同。例如：

①東に病気の子供あれば行って看病してやり、西に疲れた母あれば行ってその稲の束を負い。

②当時の芝居でも草双紙でも、すべて美しい者は強であり、醜い者は弱者であった。

③ともに、我が臆病な自尊心と、尊大な羞恥心のせいである。

④川は気まぐれな岸に当たって淵を作り、または白い瀬となって広がった。日暮れに暗い淵の陰で河鹿が鳴き、夜明けには岸の高みで山鳩が鳴いた。

从以上四个例句可以看出，日语的"对句法"对结构要求很严格，而对字数是否相等、词性是否对应要求不那么严格。像②和③是比较严格的"对句法"，该对应的部分都和汉语的对偶一样，对应整齐，无可挑剔，而①和④虽然有以上的对应，但字数不完全相同，词性也不完全对应。

但总的来说，它们作为日语的"对句法"来说，还是能反映出日语"对句法"特点的。

（四）日汉语委婉比较

日语和汉语之中都有"委婉"修辞，只是叫法不同。日语的"委婉"又称"曲有法"；汉语的"委婉法"又称作"婉言"，不管怎样称呼，它们都是不直截了当地把本来的意思说出，而是故意把话说得委婉含蓄的修辞。这样的修辞可以把语气放得缓和和轻松一些。委婉主要有两种，一种是不说本意，只写与此有关的事情，达到烘托本意的目的；另一种是用含混、闪烁的话，既能使本意模糊起来，又使人能够隐隐约约地得到暗示。

日语的"委婉"修辞分得比汉语细。日语的"委婉"可分为"稀薄法""迂言法""代称法""美化法""二重否定"等。下面分别举例说明。

1. 稀薄法

即不改变发音，靠变换使用的汉字来暗示不好的事情，像用"逝く"和"毙れる"等形式表示"死ぬ"。因为有些要表达的事物容易给人造成刺激，很多时候给人以坏印象。为了使有些词语不给人造成不快、不吉利以及粗俗的感觉，在表达上有意采用淡化的手法。像"便所"一词以前曾叫过"厕""はばかり""御不浄"，现在则称为"手洗い""洗面所""ちょうずば""化粧室"。这种用法汉语中也有。比如汉语中将"死"说成"逝世""去世""不在了""仙世""去见马克思了"等等。

2. 迂言法

顾名思义，它是一种绕远的说法，比如将"ノー"说成"芳しい答えではなかった""はばばかしい答えは返ってこなかった""期待したものとは違う方向の反応であった"就是"迂言法"。但是这种用法汉语不常用。比如讲某个学生成绩差不直接说差，而说"不太理想"等等。这也可以说类似于日语的"迂言法"。

3. 代称法

日语的代称法即不直接说出事物的名称，而用复合词语或名词句来代替它。比如将"太陽"称作"旅ゆく明かり"，将"星"称作"夜の灯火"，将"阴海"称作"鷗と鯨の道"就是代称法。有人还将海洋称作"地球上最大的容器"，这也是代称法。

4. 美化法

美化法就是将比较丑恶的事物用较好听的字眼来表示，比如用"千手観音"来表示"虱"，用"梁上の君子"来表示"小偷"。再比如用"体の入口と出口"来表示嘴和肛门，也就是将某些较难听的事物美化了。这种用法汉语中也有，只是不这么叫罢了。

5. 二重否定

大家都知道，二重否定即双重否定，也就是表示肯定，这种表达技巧使文章产生余韵，使话说得不那么直接，如"成る程保険の必要も認めないではない""満更うれしくないこともない""ああほしい、ああほしいと思わない日は一日もなかった""人間ほど不人情なものはない"。从这几个例句可以看出，运用双重否定可以使语气委婉许多。这种用法在汉语中不当作委婉法的一种来用。

以上列举了日语"委婉"修辞的几种用法。之所以日语中委婉修辞相对比较发达，我想这和日本人说话爱转弯抹角，不喜欢直接说出本意有很大的关系。要想充分理解日语的委婉修辞法，还需要认真研究一下日本文化。

（五）日汉语反语比较

反语就是说反话，但是日语和汉语的"反语"有不同之处，即日语的"反语法"实际上包括了"反语"和"反问"两项内容；汉语中"反语"就是"反语"，"反问"就是"反问"，但是，根据日本著名学者吉田精一博士的见解，"反语法"还包括反问句。例如，他把"これもやっぱりつまらぬうちではありませんか"这种在汉语中应作为反问句的句子也当作反语修辞。请看汉语的反问修辞法。例如：

（1）"她不会变心的，如果她的心也会变，世界上还有什么可以叫人相信的爱情呢？"

（2）但我说出几件"传世宝"来，岂不要叫那些富翁们齿冷三天？

从这两个例句来看，汉语的"反问"构不成反语，即它不是说反话。而吉田精一在《日本語の基礎》一书中把反问句也看作"反语"的一种。例如：

私たちの生活は文明によって物質的に大変豊かになったが、このことによって私たちは本当に幸福になったと言えるだろうか。

吉田精一先生认为使用反问的形式结束句子，表示实际上"没有变幸福"，所以他认为这是反语的用法。

当然，日语中还有不采用反问形式表示"反语"的一些用法，这基本上和汉语的"反语"修辞一致。在日语和汉语的"反语"修辞中都有加引号来表示"反语"的用法。例如：

（1）可是"友邦人士"一惊诧，我们的国府就怕了，"长此以往，国将不国"了，好像失去了东三省，党国倒愈象一个国，失去了东三省谁也不响，党国倒愈象一个国家，失去了东三省只有几个学生上几篇"呈文"，党国倒愈象一个国，可以博得"友邦人士"的夸奖，永远"国"下去一样。

（2）世上最可笑的是那些"知识里手"，有了道听途说的一知半解，便自封为"天下第一"，适足见其不自量而已。

（3）電電公社が「寝たきり老人」用の特別電話を開発した。秋ごろからお目見えするだろうという。この電話のしかけは、まず独り暮らしの寝たきり老人が、あらかじめテーブに自分の声を吹き込んでおく。たとえば「私はＸ町Ｘ番地の山田です。容体が急変したので、すぐ来てください。お願いします」。

上面三个例词中带引号的部分都属于"反语"修辞，（1）"友邦人士"既从反面讽刺，又从正面揭露，使读者一看就明白了作者的真意，（2）的"知识里手"和"天下第一"一看就知道在讽刺那些对知识一知半解的人。（3）中的"安心電話"实际上是令人心碎的电话。通过运用"反语法"，对现代社会人际关系的冷漠进行了无情的讽刺。

"反语"修辞有时需要上下文的帮助，有时候只有在具体语言环境中才能明白是否用了"反语"修辞。这一点日语和汉语都不例外。例如：

果然，不出三天，陈宝宝带着大队检查组到第三生产队来了，一行也有六七人，有大队干部，有生产队长，这是一些新农村里责任最重、最辛苦的人物，他们没有功夫参加劳动，不得不冒着寒暑到处奔波，去检查工作，去交流经验，光是鞋袜就比一般社员多破费几倍，伙食和香烟的开支更不是误工费补贴能够抵消的，所以不得不想尽办法去另找窍门增加收入，而这又往往得不到社员的谅解，因此他们被逼利用检查的机会充分发挥自己的权利，让社员懂得分寸。

上文例句中通过上下文的介绍使人们对那些农村基层干部如何"辛苦"，如何"到处奔波"，如何"不得不想尽办法另找窍门增加收入"，又如何"被逼利用检查的机会充分发挥自己的权利"等等有了了解，实际上这段文字用"反语"善意地揭露了他们脱离生产劳动、跑跑颠颠、吃吃喝喝、大搞特权、滥施威风等种种不正之风。

汉语的"反语"多用讽刺，但"反语"不等于讽刺，讽刺可以用反语表示，但讽刺的方法多种多样，不限于反语一种，有时候它运用无讽刺性的词语表示深沉、幽默。像"毛丫头""淘气包"，妻子说丈夫时的"狠心贼"等等就属此类型的"反语"。这类"反语"日语中几乎没有。

第三节　敬语与"位相"语

一、敬语

日语学习者普遍感到困难的，除了助词之外，就是敬语。何谓日语的敬语，这里不做详述，只从汉日语对比的角度探讨这个问题。

日语的敬语形式包括"郑重语""尊他语""自谦语"。

"郑重语"指说话人向对方所表示的尊重，"尊他语"指施动者所表示的尊敬，而"自谦语"则是指对受动者所表示的敬意，如"鞄をお持ちしましょう"的"お持ちする"就是对受动者表示的敬意。请看下例：

明日、西田先生のお宅へお伺いするつもりでございますが、あなたさまもいいらっしゃいませんか。お誘い申し上げます。

日语敬语之复杂可见一斑，甚至日本的一些年轻人也容易搞错。现代汉语虽有一些敬辞、谦辞或客套话等，但远不及日语复杂和烦琐。报纸上曾报道，有一青年记者采访一位老者时，问他："你多大年纪了？"老者答道："我八十六岁了。"按理该记者应问"您今年高寿？"在电视中也曾出现过错将"令尊"称为"家父"的笑话。同样，在日语中出现这类问题也会令人感到可笑。

汉语中有若干较固定的特殊词群用来表示恭敬与谦虚。这些敬辞和谦辞的相当部分在日语里仍沿用至今。汉语敬辞中除用来称"贤"用得较少之外，大多可以通用。当然有些称谓的用词以及使用范围还有所不同，如汉语里"令"的使用范围比较广泛，可用来称呼对方的长辈（如"令尊""令堂"），也称对方的平辈和晚辈，而日语里却只能称对方的平辈和晚辈。举例如下：

汉语—日语：令兄—令兄；令妹—令妹；令妻、令正、令阁—令夫人、令室；令爱、令媛—令娘；令子、令郎—令息；尊堂—尊堂；尊父—尊台；贤弟—賢弟；贤兄—賢兄。

称对方的敬辞常用的"贵""大""高"等多半称与对方有关的事物。例如：

贵校—貴校、貴学；贵国—貴国；大人—大人；大作—大作；高见—高見；高龄—高齢；高名—高明；高寿—高壽；高论—高論。

此外，还有用于人事往来的敬辞"拜""奉""光"等，例如：

拜领—拝受；拜读—拝読；拜贺—拝賀；光临—光来；奉还—奉還；奉迎—奉迎。

自然还有一些并不对应。如奉陪（お供する）、奉劝（忠告申し上げる）、光顾（おひきたて）、拜托（お願いする）、拜服（敬服する）等敬辞在汉语中极为常用，而日语中却没有对应的汉字词。汉语中"玉""宝"也属于常用的敬辞，如"玉音"（お手紙）、"玉照"（お写真）、"宝卷"（ご家族）、"宝号"（お店）等，日语里并不使用。然而日语另有"お""おん""ご"等前缀词来表示尊重。如"お名前"（尊姓、贵姓）、"お宅"（贵府）、"御地"（贵地）、"御礼"（谢意）、"ご高說"（高论）、"ご尊父さま"（令尊）、"ご母堂さま"（令堂）、"貴殿"（您）等。

谦辞方面汉语里常用的有"家""舍""敝""鄙""愚""拙""小"等。如：家父（父）、家兄（兄）、舍弟（弟）、舍侄（甥）、敝校（弊校）、敝舍（弊宅）、鄙人（愚生）、鄙意（鄙意）、愚见（愚见）、愚弟（愚弟）、拙著（拙著）、小弟（小弟）、小店（小店）等。

上述谦辞中，日语里不使用的只是"家"。不过现代日语里"鄙"已经很少见，"舍""小"除了"舍弟""小生"之外，已经基本不使用了。而且使用"愚""拙""弊"等谦辞的多半是上年纪男子或商业上用于书信往来。如愚息（犬子）、愚考（愚意）、拙作（拙作）、拙妻（拙荆、内人）、弊社（敝公司）、弊店（敝店）等。日常生活中用的较多谦辞倒是"粗"，把送人的礼品称作"粗品"（薄礼），把招待的饭菜称作"粗飯""粗食"（便饭）。另外作为后缀的谦辞还有"とも"，如わたくしども、手前ども等。

除了以上敬辞、谦辞之外，汉语、日语中还有一些敬语、客套话和婉辞。汉语有：指教、指正、恭候、恭听、敬请、不敢当、哪里、请问、借光、承蒙、承情、劳驾、久仰、久违、怠慢、费心、失陪、失迎等，但是为数有限。

日语属于"尊他语"的名词有：あなた、かた、こちら、そちら、あちら、どちら；动词有：なさる、いらっしゃる、おっしゃる、あがる、召し上がる、召す、見える、くださる；形式动词有：れる、られる。属于"自谦语"的动词有：さしあげる、申し上げる、あがる、うかがう、いただく、参上する、拝見する、存じる。"老师来了"说成"先生がいらっしゃった"显然要恭敬得多。另外，日语还有属于敬体的"郑重语"：～です、～ます、～でございます、～であり{{ます。这类敬语也是汉语所没有的。我们学日语从一开始就学了敬体。一般对年长者或客人说话须使用"郑重语"，打电话时更是注重用敬体和敬语。

二、"位相"语

日语除了敬语之外，根据性别、年龄、身份的不同，用词也随之不同或有微妙的差别。

我国现代文学作品中的人物对话，如没有交代讲话人，除了偶尔从感叹词和语气助词的用法上隐约看出其性别之外，一般难以判断。而日语里却极为显著。因此男女的对话往往不必交代"他说"或"她说"，通常从说话人的一些用词中即可看出。诚然，现代日语中的男女语言的差别已经比战前大大缩小。但是在对话中的这类差异仍然存在。特别是反映在人称代词、终助词和感叹词上。一位西欧的日本语言学家就说过：学日语不能没有男女教师。他一语道破了日语的最大特点。像"等等我，我也去"这样一句话，汉语不分男女都可以用。而日语视不同情况竟有如下多种说法。

（1）ちょっと待ってください（ませんか）。わたくしも行きます（から）。

（2）ちょっと待ってくれませんか。僕も行きます。

（3）ちょっと待ってくれないか。僕も行くから。

（4）ちょっと待ってくれ。僕も行くよ。

（5）おい、待ってよ。僕もいくからさ。

（6）ちょっと待ってくださいません？ わたしもいきますから。

（7）ちょっと待ってくださらない？ わたしも行きますので。

（8）ちょっと待ってくれないかしら。わたしも行くから。

（9）ちょっと待ってちょうだい。わたしも行くわ。

（10）ちょっと待ってよ。わたしも行くから（さ）。

以上十句的基本词汇"ちょっと""待つ""行く"及助词"も"都相同。但是，从代词和语尾的变化等可判明讲话人的性别。（1）是男女通用，语气比较恭敬；（2）至（5）为男子语，语气顺次从恭敬到随便；（6）至（10）为女子语，语气也是越往后越随便。

再举一例："听说他在演讲比赛得了一等奖，真看不出来呀，平时他不爱说话嘛！"

（1）彼がスピーチコンテストで一位をとったそうですよ。とても信じられませんね。ふだんは無口な人ですから。

（2）彼がスピーチコンテストで一位をとったそうだよ。ちょっと信じられないね。ふだんは無口な人だからな。

（3）あいつスピーチコンテストで一位をとったそうだぜ。ちょっと信じられないね。ふだんは無口だもんな。

（4）あいつがね。スピーチコンテストで一位とつたんだってさ。ちょっと信じられないなあ。ふだん無口だろう。

（5）あの方がスピーチコンテストで一位をとったそうですの。信じられませんわ。ふだんは無口な方ですもの。

（6）あの人、スピーチコンテストで一位をとったんですって。信じられないわね。ふだんは無口ですもの。

（7）彼、スピーチコンテストで一位をとったんだって。ちょっと信じられないわ。ふだん無口でしょ。

（8）彼、スピーチコンテストで一位をとったそうよ。信じられないわね。ふだん無口なのに。

以上（1）为较规矩得到的说法，男女皆可用，（2）至（4）的"だよ""~ないね""だからな""あいつ""だぜ""~んな""~だもんな""なあ""だろう"属男子用语，而（5）至（8）的"~ですの""わ""もの""~ですって""わね""よ"属女子用语。

应该说，女子说话通常比男子恭敬些，也有一些纯属女子专用的套话，如：召し上がれ。

日本人的会话，不但可以令人分清男女之别，还可以判断大致的年龄结构。譬如"你问我（去不去）呀，我不想去！"这样一句话用日语表达时，在正常情况下，可以是："わたしに聞いているんですか。わたしは行く気がしませんね。"但是在不同年龄结构还有不同说法。以男子的口气为例，可以说成：

（1）ボクに聞いてんの？ボクいかないよ。（小男孩）

（2）ぼくに聞いてるんか。ぼく行きたくないさ。（青少年）

（3）ぼくに聞いているのか。ぼくは行く気しないね。（中青年）

（4）わしにきいてるのかい。わしは行く気しないな。（老年）

我们理解到日语口语里存在性别及年龄结构上的差异，在翻译对话时，就要对这一特点给以特别的注意，千万不可在男子说话中掺进女子语，或明明是女子在说话却毫无女子特点，更不要将老年语用于小孩，或者反过来让老年人用小孩的语气说话。

第五章　日语翻译方法探究

翻译，从其作用上来说，就是把两种语言连接起来的中介，通过它，此语言可以认识彼语言。本章的主要内容是对日语翻译方法进行介绍，为读者进行翻译工作提供有效的工具手段。分别阐述词汇的翻译方法、句子的翻译方法、篇章的翻译方法。

第一节　词汇的翻译方法

一、词语的省略

汉日两种语言由于用词造句、语法、语言习惯的不同，在表达同一思想时常有词语的增减。词语的省略可以说是泛语言性现象，但是日语中的省略，比起汉语或英语显得更为多见。

汉语的每一词都有特定含义，一般都能找到与此相对应的词语来译出。但是有些词语，如译成日语之后，出现下述情况时，应当加以省略。

（1）从日语语言规律来看是多余的，有了它反而不自然；

（2）上下文中已经包含此意，译出之后显得冗赘；

（3）译文中已有表达，再生搬硬套反而文理不通。

词语的省略，其目的在于使译文更加符合日语的表达习惯和修辞特点。汉译日时常见的词语省略大致有以下几类。

（一）"一＋量词"的省略

量词的作用本来应该是使不可计数的事物变成可计数。然而汉语的一个特点是量词应用的普遍化，可计数的事物需要用量词，非计数时，也要求在事物名词前有"一＋量词"。如：一个人、一辆车、一栋房等。当然，问到"屋里有几个人"，回答说"有一个人",或者说"今天我在百货大楼买了一双鞋"时,所指"一个""一双"都是指具体的数量,翻译时都应当译出。但是譬如说:

(1)我是一个学生,我应当遵守学校纪律。

"一个"在这里只是加强语气,并不表示具体数量。而日语中的数量词并没有这种用法,所以翻译时,不表示数量的"一+量词"必须省略。"我是一个学生"应当译成"わたし(ぼく)は学生です",决不可译成"わたし(ぼく)は一人の学生です"。再如:

(2)那是一条大马路。

そこは大通りだった。

(3)这是一次新的考验。

これは新たな試練である。

(4)自周、秦以来,中国是一个封建社会。

周、秦以来、中国は封建社会であった。

(5)桌上放着一架打字机。

机にはタイプライターが置いてある。

还有,"一+量词"前加有"有"时,即"有一+量词"时,"一"也要省略。这时的"有",近似"某"之意,可译成"ある"。例如:

(6)有一天,他对我说。

あるひ、彼はわたしに言った。

(7)他有一次谈起过这件事。

彼はあるとき、このことについて話したことがあった。

(8)昨天,有(一)位上年纪的人来找他。

昨日、ある年輩の人が彼をたずねてきた。

有时,虽然没有这个"有"字,但是含有此意时,也可以按这个译法处理。例如:

(9)(有)一个夜晚,他突然回来了。

ある夜、彼が突然帰ってきた。

(10)(有)一天早晨,正要上班时,隔壁的大姊儿来了。

ある日の朝、出勤しょうとしたところへ隣のおばさんがやってきた。

这里并不是说"一"可以译成"ある"，而是文中含有"有"的意思，译文中须把这个含义表达出来。

这里附带说一下，汉语句子里的名词前常带有"某一"或"这一""那一"等，这类"一"也往往不必译出。例如：

（11）某一时期，经常发生矛盾。

ある時期、トラブルが絶えなかった。

（12）某一地方，曾经发生了一件奇怪的事件。

あるところで不思議な事件が起こった。

（13）你说的这一情况很重要。

君の言ったこの状況は非常に重要だ。

（14）那一事故相当严重。

あの事件はかなり重大だ。

另外，"些"是表示少量事物或性状的量词，（前面用的数词限于"一"，但一般不用）在一定情况下也应当省略。

"些"与"有""某"组合成"有些""某些"，或接在动词、形容词后表示"稍微"时，通常要译出。对应译词有："少し、ちょっと、一部、いくつか、若干の、少々"等。例如：

（15）有些化验的结果正常。

一部の検査の結果は正常だった。

（16）根据某些现象来看，案情相当复杂。

若干のからみると、事件はかなりである。

（17）孩子在睡觉，说话小声些！

子供が寝ているから、ちょっと声を小さくて（ちょうだい）！

若"动+些+名"，有时可以不译或根本不该译出。

（18）刚才我上街买了些东西。

さっき、町へ買い物をしきた。

该句中的"些"可以省略。也可以说成"少し（＝ちょっと）買い物をしてきた"。

117

（19）我拿了些糖果分给孩子们。

わたしはキャンデーを持ってきて、子どもたちに分けてあげた。

当"动＋些"后面的名词是"什么"时，"些"就非省略不可。因为日语在疑问代词前后不能有表示数量的词语。例如：

（20）他刚才说了些什么？

彼は先ほど何を話してたんだい。

（21）我不知这孩子在想些什么。

この子が何を考えているのか，（わたしには）分からない。

（二）人称代词的省略

汉语中的人称代词与英语相比要少一些。英语句子一般都需要有主语，而汉语里无主语的句子相当多。复句里前半句如已出现主语，后半句便可以省略。但是与日语相比，我们可以发现日语里的人称代词比起汉语还要少得多。

1. 作为主语的"你""我"的省略

日语在对话中，作为主语的人称代词"你""我"的省略尤为突出。例如：

（1）"你上哪儿？""我回学校"。

"どこに行くんだい。""学校へもどるんだ。"

日本人在路上与人交谈，绝不会问"君はどこに行くんですか"，因为两人对话，不提"你""我"也错不了。这并不是说日语没有这种说法或从来不这样讲，假如许多人聚在一起，分手之前各自在说我准备上哪儿，而这时要特别问某一个人时，倒是可用。因为这种场合的问话，或多或少表露出问话人主要关心的是"你"，而不是别人，是在强调"你"。这个时候的回答也应当有主语："ぼくは学校へもどるんだ。"例如：

（2）"你看了这本书觉得怎样？""我觉得很有意思。"

"この本を読んでどうでしたか。""たいへん面白いと思いました。"

（3）"我想买一本词典，你陪我走一趟吧。"

"辞書を買いたいんですが、いっしょに行ってくれませんか。"

（4）二德子："你管我当差不当差呢。"

二德子："どこに勤めようと、よけいおだよ"。

在上述例句里，汉语的主语"你""我"是不可少的，但是在日语对话中如果一加上主语就不符合日语的语言习惯。日本人听到之后会断定是外国人在讲日语。总之，这一类对话，只要不是强调或担心会弄错，译成日语时，"你""我"等代词均可省略。

2. 作为宾语的人称代词的省略

在含有使令意思或授受关系的句子里，作为宾语（含兼语）的人称代词"我、你、他"往往可以不译出。如与介词（或作为动词）"给、替"组合成"给我、给你、给他、替我、替你、替他"时，译语需以"～てくれる、～てくださる、～てもらう、～ていただく、～てやる、～てあげる、～てさしあげる"等形式来表达授受关系，所以无需再译出宾语。这些人称代词起兼语作用，后接动词时也是一样。例如：

（1）我的帽子不知哪儿去了，你替我找一找。

（わたしの）帽子がどこかへいってしまった。さがしてみてくれ。

（2）出去的时候，给我把门关好。

出るときには、ドアをちゃんとしめてください（＝てもらいたい）。

（3）关于这个问题，老师已经详细地给我们讲解了。

この問題については、先生から詳しく説明していただきました（＝先生が詳しく説明してくださいました）。

（4）您等着，我替您取去。

お待ちください、取ってきてさしあげますから。

（5）这本书，谁给他买的？

この本、誰が買ってやったんだろう。

即使没有"给、替"等词。含有命令、请求的意思或授受关系的句子，一般都可以省略。例如：

（6）她的病刚好，请你们多关照她。

彼女は病気が治ったばかりだから、できるだけ気をつけてあげてください。

（7）这是他托我买的。

これは彼から（＝に）、買ってきてくれと頼まれたものだ。

（8）明天他会来找我，这份材料我来交给他吧。

明日、彼が会いに来るはずだから、このはぼくが渡してあげよう。

3. 因敬语形式引起的省略

过去，我国对自己和他人的亲属的称呼有谦称和敬称之分，今天除了在书面语中还可见到之外，在口语中通常是在一般称谓前加所属即可。例如："我（的）哥哥、你（的）哥哥、我（的）妹妹、你（的）妹妹"。现代日语的口语中，特别是成年人谈话时仍有谦称和敬称之分。称呼自己的哥哥、妹妹是"兄""妹"。而称呼他人的哥哥、妹妹时就用敬称"お兄さん""妹さん"。正式谈话时，除非要强调，一般不再加"あなたの、わたしの"。既然如此，我们在翻译时也应当省略表示所属的人称代词"我、你、他"。例如：

（1）"你姐姐也去吗？"

"お姉さんもいらっしゃいますか。"

（2）"我今天没时间，因为我叔叔要来。"

"今日は暇がない、おじが来るんだ。"

除了亲属称谓，汉语里还有一些"您先生""他老人家"等敬称。这里的"您、他"等代词与"先生、老人家"等名词处在同位关系。这类代词一般也可以省略（直接称呼时，有时也可整个省略）。例如：

（3）"他老人家身体可好？"

"先生（用于有身分的人）はご健在でいらっしゃいますか。"

（4）"不管什么时候来，您老人家总是闲不住"

"いつ来ても，お忙しそうですね。"

（5）"您先生有何吩咐？"

"なにかご用でございますか。"

（6）"孩子他妈知道这件事么？"

"母さんはこのこと知ってるかね。"

此外，日语的诸多敬语形式中都含有对讲话对象所表示的尊敬。因此，汉语口语中的"你、您"也常常可以省略。例如：

（7）您几点出发？

何時にお発ちになりますか。

（8）您买点什么？

何をお求めになりますか。（何にいたしましょう）。

（9）给您看这个。

これをお見せしましょう（＝これをごらんに入れましょう）。

（10）您请到这边来。

どうぞこちらへおいでください。

（11）您说得对！

おっしゃる通りです（ごもっともです）。

（三）副词"很""都"的省略

汉语中"很、都"等副词的使用频率较高。日语分别有对应的译词："とても、みな"。既然原文有了这些词，而又有对应的译词，于是人们在翻译时往往顺手就译过去。这些词该不该译出？如果不该译，又是在什么条件之下？下边我们分别举例说明。

1. "很"的省略

副词"很"表示程度相当高。日语有可对应的"とても、たいへん、非常に"等同义词。一般情况下要译出，但是在如下情况时可以省略或应当省略。

（1）"很＋单音节形容词"时可以省略。我们知道，现代汉语的词语结构常常受单双音节的影响，特别是倾向"双音化"。当形容词是单音节时往往要搭配一个"很"凑成双音节，例如：很多、很大、很亮、很坏等等。这种时候"很"可以不译出。例如：

①你提出的这个问题很难。

君の出したこの問題はむずかしい。

②他向来走路很慢。

彼はもともと歩くのがおそい。

③这个房间很亮。

この部屋は明るい。

④这个人办事很活。

この人は融通がきく。

（2）"很＋单音节形容词"组合成一个双音节词修饰名词时，"很"也应当省略。例如：

①这是付出很大代价才取得的。

これは大きな代価を払って得たものである。

②每天早晨，很多人在公园打太极拳。

毎朝、多くの人が公園で太極拳をやっている。

③这是很好的事。

これはけっこうなことである。

上述译句里如果分别加上"非常に、たいへん、とても"等。不但显得冗赘，而且表达的程度将超过原文的意思。

2."都"的省略

根据《现代汉语词典》，"都"有四种意思：表示总括；跟"是"字合用，说明理由；表示"甚至"；表示"已经"。这里要谈的是第一种情况。

政论性文章要求译文严谨。这类文章中表示总括的"都"，在日语中有"みな、すべて、どちらも、いずれも、ともに"等对应的同义词，可视不同文体及上下文分别选用译出。例如：

（1）无论经验主义还是教条主义都是错误的。

経験主義にせよ、教条主義にせよ、いずれも誤りである。

一般性文章和口语中，如要强调可译成，"みな、全部、すっかり、ばかり"。等。

例如：

（2）你们都是好人。

あなた方はみないい人だ。

（皆さんはいい人たちばかりだ。）

（3）桌上的东西都是他的。

机の上の物は全部彼のだ。

从文章的前后来判断，如不是非强调不可，也可以省略。

"都"能总括的对象，只有疑问句位于"都"字后面，其余都在"都"字之前。这时常用的"大家、大伙儿、凡是、一切、任何、每一个、全部、完全"等词语实际上已经包含了"都"。日语译词"みんな、一同、あらゆる、すべて、いかなる、どれも、全部、完全、すっかり"也已经有了总括之意，所以"都"不必再译出。

即使没用这类词，而用了连词"不论、无论、不管"或其他也应当省略。例如：

（4）大家（大伙儿）都同意。

みんな同意した（した）。

（5）这一切都归功于党。

これはすべて党のおかげである。

（6）他从头到尾都在撒谎。

彼は始めから終わりまでうそをついている。

（7）无论干什么事，他都非常认真。

どのような事をやる時でも、彼は実にまじめである。

（8）你都去过哪儿？

（あなたは）どういうところへ行ったことがありますか。

（四）形式动词的省略

"加以、给以、进行"等动词常见于书面，它们都带有双音节动词为宾语。事实上，"加以""给以"是个形式动词，真正表示动作的是后面的宾语，翻译时一般可以省略。"进行"带有双音节动词宾语时往往也可以省略。

1."加以"的省略

"加以"表示对某一事物施加某种动作，前面除了名词之外，常有"要""一定""必须"等助动词或副词。后面动词的受动者常常在前面，一般不必译出。例如：

（1）根据实际情况加以解决。

実際の情況にもとづいて解決する。

（2）把整个过程加以总结。

全過程を総括する。

（3）选取典型经验加以推广。

典型的な経験をえらびだして押し広める。

上述例句是"名词＋加以＋动词"，译成日语时必须省略"加以"。

（4）这些问题要加以具体分析。

これらの問題は具体的に分析しなければならない。

（5）有关情况应该加以说明。

関連のある事情について説明すべきである。

（6）大家的建议我们一定加以认真考虑。

皆の提案はきっと真剣に考慮する。

上述例句是："助动词/副词＋加以＋动词"。这里的"加以"也可作为动词（"加える"）来处理，例如："分析を加えなければならない""説明を加えるべきである""考慮を加える"。因为"分析""説明""考慮"等作为名词可以与"加える"搭配，但是与上述译文相比，还是显得生硬，给人一种煞有介事的感觉。

2．"给以"的省略

"给以"表示使对方得到或使对方遭受。但是真正起动词作用的是后面的动词宾语，因此翻译时将宾语作为动词来处理为好。例如：

（1）他有困难，我们应给予帮助。

彼が困っているのなら（わたしたちは）当然助けてあげるべきだ。

（2）你们的正义行动，我们一定给以支持。

わたしたちは皆さんの正義の行動を必ず支持します。

（3）对于他们抓住窃贼一事，应当给以表扬。

彼らが悪人を取りおさえたことについては、これをすべきだ。

"给以"的对应译词是"与える"，因此看上去似乎可以采用"～に～を与える"的句式，如："彼に援助を与える""……行動に支持を与える"等。但是如今"与える"一词表示"给以"时，往往带有恩赐之意，用在上面例句中显然不合适。

从上述许多例句中可以看出，作为宾语的双音节动词，一般加上"する"之后便可作为"サ变动词"使用，但是有些个别词如"打击"等，在日语里却只能是名词，不能说成"打撃する"，遇到这类情况时，"给以"则必须作为动词译出。例如：

（4）对于犯罪分子的违法行为必须给以严厉打击。

犯罪者の違法行為にたいしては、きびしい打撃を与えなければならない。

3．"进行"的省略

动词"进行"表示从事持续性的活动。带上双音节动词宾语时，"进行"往往可以省略，因为宾语表达的正是该行为。例如：

（1）那个问题已经进行调查了。

その問題はもう調査した。

（2）下周将对预算进行审查，请做好准备。

来週、予算を審査するから、その下準備を整えておいてほしい。

（3）我们曾经同他们进行过谈判，可是他们很顽强。

彼らと交渉したことがあるが、彼らは手ごわい。

（4）代表们正在进行讨论。

代表たちはいま討論中である。

当然，为了表示郑重，也可译成"行う""進める"。

（五）范畴词语的省略

汉语中的某些名词，虽然本身有其具体含义，但是一旦与一些带有具体内容的名词组合成复合名词之后，有时却失去原有的意思，仅仅表示一种范畴，这种范畴词语一般可以省略。以"工作"一词为例，"我担任工会工作"的"工作"，指的是所从事的劳动，并没有离开原有的意思，需要译出："わたしは労働組合の仕事を担当している"。可是，"他正在进行机械设施改造工作"的"工作"，不过是表明"机械设施改造"所属的范畴，并不含"工作"本来的意思。在这种情况下就不必译出，否则它在日语里将成为多余的词。属于这一类的词语还有：问题、任务、情况、状况等，常见于政治文件或新闻报道之中。遇到这类词语时应当首先分辨其具体含义，分情况进行翻译。现举一些例子加以说明。

（1）要做对于这些东西的肃清工作和打扫卫生工作，是不容易的。

このようなものを取り除き、掃き捨てるのは簡単なことではない。

原句中的"肃清""打扫"本身就是一种"工作"，两个"工作"分别表明"肃清"与"打扫"所属的范畴。如果译成"活動""の仕事"或"清掃活動""粛清の仕事"，听起来就非常生硬和别扭。

（2）这里不存在敌我矛盾问题。

ここには敵対矛盾の問題はない。

"问题"一词有四种含义：要求回答或解释的题目；需要研究讨论并加以

解决的矛盾、疑难；关键；事故或意外。例如："有两个问题""这个药很解决问题""问题不在那里""车子出了问题"中的几个"问题"分别属于上述含义。而例句中的"问题"并不含其中的任何一个意思，仅仅表示"矛盾"所属的范围。所以应该省略。

（3）我们要很好地完成教学改革（的）任务。

われわれは教育改革をりっぱにやりとげなければならない。

（4）工人、农民和知识分子这三支基本社会力量相互间的团结状况，现在也比较良好。

労働者、農民、知識分子というこの三の基本的社会勢力の相互の団結も、かなりよくなっている。

上述两例句中的"任务""状况"也已失去原来的具体含义，仅用来表示"改革""团结"的范畴，所以都不必译出。

（六）重复性词语的省略

为了使句子结构整齐，加强语势，汉语除了使用对偶、排比的修辞方法之外，也常常在一些句子的相同位置上使某些相同语句重复出现，这也是常见的修辞方法之一。其作用在于通过重复出现，反复强调，以加强语势。日语却相反，若逐一译出，译文将烦琐冗长，修辞效果适得其反。因此在翻译时，原文含义重复的词语往往只译出其中的一个或两个，其他部分则省略。现举例说明如下。

（1）（北京街头的银杏）最独特的是那颜色，一片金黄，黄得耀眼，黄得开朗，黄得壮美。

なによりも独特なのはその色彩である。一面に黄ばみ、明るく、美しく、まぶしいほどに色づくのだ。

原文重复使用"黄得"三次，显然是为了强调语势，提高表达效果。不要译成："まぶしいほど黄色く、明るいほど黄色く、美しいほど黄色い"。

（2）他从来不迟到、不早退、不请假。

彼はこれまで遅刻や早退きをしたことも、休んだこともない。

该例句原文重复了"不"，音节匀称，加强了语意。译文只得尽可能省略。"遅刻""早退き"可作为名词或サ变动词处理，而"请假"的译词是"休む"或"休みをとる""をとる"，不能说成"休暇（を）する"，故译例以一个动词总括了"遅刻"和"早退き"，全句用了"～ことも，～こともない"的句型加以处理。当然还可以采用"～こともない，～こともない"等句型。

（3）在那黑暗的岁月里，哪里有科学的地位，哪里又有科学家的地位！

あの暗い社会に科学の地位や科学者の地位などどこにあろうか。

（4）近百年的经济史、近百年的政治史、近百年的军事史、近百年的文化史，简直还没有人认真动手去研究。

ここ百年の経済史、政治史、軍事史、文化史については、その研究汇にまじめに手をつけているものがまったくいない。

两个例句的原文分别重复使用"哪里有"和"近百年的"两个词语。译文适当省略了重复词语，并无损其原意。

二、词语的增补

词语的增补是翻译中另一种常见的现象。原文中虽无其词，却有其意，为了忠实地转达原文，并且为了使译文更加符合日语的表达习惯和修辞特点，有时需要在译文中增加一些词语。通常需要增补的有如下几种情况：

（1）为了保证译文语法、句法结构上的完整；

（2）为了译文修辞上的需要；

（3）为了完整地表达原文的意思，作些注释性增补。

（一）关联词语的增补

汉语复句由两个以上单句组合。它们往往借助虚词来组成，由虚词表明分句间的关系。但是也有一些复句依靠语序直接组合，虽然没有关联词语但也不会发生误解。日语则不然，通常需要用一些接续助词等来表明句与句的逻辑关系，否则意思不明确，甚至语法结构也不完整。日语中近似的关联语较多，如表示因果关系的就有近百种，要学会辨别使用。中译日时，要特别注意不带关联词语的转折、因果、假设、目的等关系的复句，弄清其关系，并补充适当的词语，把原文中所含的意思明确表示出来。例如：

（1）有什么困难，我们一定帮您解决。

何か困ったことがあれば、きっとなんとかしましょう。

（2）人不犯我，我不犯人；人若犯我，我必犯人。

相手が侵して来なければ、こちらも侵さない。相手が侵して来れば、こちらも必ず侵す。

上述例句都是假设关系的复句，译文中需要用接续助词"法"来连接前后句，否则不能达意。

（3）下雨，我们也去。

雨が降っても、わたしたちは行きます。

这是让步关系的复句，没有出现的关连词语是"即使"。译文中要用接续助词"ても"来表达其意。

（4）我嘴里没说欢迎，心里是欢迎的。

私は、よく来てくれたと口には出さなかったが、心の中では喜んでいた。

该例句是转折关系的复句。没有说出的关连词语是"虽然……但是……"译文可用接续助词"が"来接续。

（5）这不会影响他的威信，只会增加他的威信。

このことで彼の信望が低まるどころか、高まることになるだろう。

该例句是递进关系的复句。可以加进去的关连词语是"而"，否定前句的消极内容的同时，强调了后句的积极内容。译文可用含有此意的"どころか"来连接。

（6）特别是文化人和青年学生，感觉敏锐，首当其冲。

とくに文化人や青年学生は、敏感なだけに、真先にそれにつきあたっている。

（7）你不来，我就回去了。

君が来ない以上、わたしは帰る。

该例句都是因果关系的复句。前一个例句的"感觉敏锐"是首因，"首当其冲"为结果。后一个例句没有说出的关连词语是"既然"，故用"以上"来连接上下文。若该句为假设关系，应译成"彼が来ないのなら……"。

（8）人们纪念他，种上了许多松树。

人びとは彼を記念するため、松の木をたくさん植えた。

人们种松树的目的是"纪念他"，含有"为了"纪念他之意。所以译文中要补上"ため"。

(二)"对于、关于、无论"的增补

汉语中常见用小句做谓语的句式。谓语从句中有一种是在主句主语前边隐含着"对于、关于"或"无论"的意思,翻译这种句式时,译文要添补相应的词语"について""ても/でも"等,不然,意思不明确。

(1) 无线电我是门外汉。

無電については、わたしはしろうとだ。

(2) 法律问题他知道的很少。

法律について彼はあまり知らない。

(3) 这种事情我不愿意插嘴。

こういうことについては、わたしは口をはさみたくない。

(4) 这件事我跟你有不同的看法。

このことについてはぼくは君と考えがちがう。

上述例句的主语分别是"无线电、法律问题、这种事情、这件事",但是主语前边隐含着"对于、关于",所以翻译时不能在主语后边直接用"は",而要补上"について"。

(5) 在什么情况下,我们都要坚持原则。

どのような状況にあっても(＝あろうとも)、われわれは原則を堅持すべきだ。

(6) 成不成我后天一定给你回话。

結果がどうであっても(＝であろうとも)、あさってには必ず返事をする。

(7) 什么事情他都跟我讲。

どんなことでも、彼はわたしに話してくれる。

(8) 哪一门功课都要好好学。

どの科目でもよく勉強しなければいけない。

上述例句的大主语前边都隐含着"无论"。翻译时必须把它表达出来。

(三)形式名词"こと、の"的增补

当汉语的主语或宾语由主谓短语构成时,或者名词小句的宾语、主语由动词短语构成时,译文中须添加形式体言的"こと"或"の",使之体言化,才合乎

日语语法结构。但是"想、认为、以为"等动词出现在作为宾语的短语前边时，则不属此列。举例如下：

（1）他今天到北京是早已决定了的。

彼が今日北京に着く（という）ことは早くから決まっていた。

（2）我第一次见到他，是在半年以前。

わたしが彼に始めて会ったのは、半年前のことである。

（3）他学英语是为了看技术资料。

彼が英語を勉強するのは、技術関係の資料を見るためである。

（4）我昨天没去是因为家里来了客。

わたしが昨日行かなかったのは、来客があったからだ。

（5）每一个同学都希望自己成为一个对四化有贡献的人。

どの学生も（祖国の）四つの現代化に貢献できる人間になることを望んでいる。

（6）他这才发现衣服完全湿透了。

彼はこの時になってはじめて、服がすっかりぬれていることに気がついた。

（7）每天读报是一种良好习惯。

毎日、新聞を読むのはよい習慣だ。

（8）要提倡顾全大局。

（われわれは）大局心をくばることを提唱しなければならない。

上述例句中，前四个例句都是主谓短语作主语，后四个例句分别是主谓短语作宾语、动词短语作主语、动词短语作宾语，它们都需要加上形式名词"こと"或"の"，才能保证译文语法结构的完整。

（四）为了搭配完整的增补

汉语与日语的习惯用法不同。汉语能够搭配的一些词语，日语有的不能互相搭配。在翻译时如果不考虑这一点，生搬硬套，势必不能达意，或语法结构上有缺陷，或行文不流畅。这时须在译文中增补适当的词语，当然，它应当是原文中有所隐含的。例如：

（1）……再不改变方针，民族的命运是非常危险的。

これ以上方針を変えないならば、民族の運命は非常を危険にさらされる。

日语的"運命"不能与形容动词"危険"搭配，不能说成"運命は危険だ"。这就需要补充一个能够与"運命"和"危険"搭配的动词"さらされる"。

（2）空前广大和空前深刻的人民运动。

空箭の広さと（空前の）深さをもった人民運動。

"広さ"和"深さ"都是名词，不能仅依靠一个"の"来修饰"人民運動"，因此须增补一个相应的词语"をもった"。

（3）抗战以来，全国人民有一种欣欣向荣的气象。

抗戦以来、全国人民の間には。いきいきした気運がみぎっている。

这里的主语是"全国人民"，而"気運"是抽象词，不能说成："全国人民は……気運を持っている"，或"全国人民には……気運がある"。应当把原文中含有的"中间"的意思表达出来，因此，译文补充了"の間"。

（4）自以为是，老子天下第一，"钦差大臣"满天飞。

ひとりよがりで、われこそは天下第一とうぬほれ、"勅使"然としていたところを飛びまわる。

译文中的"ひとりよがり""われこそは天下第一"分别为名词和名词句，若不补充适当的谓语，语法结构就不完整。因此译文增补了"うぬほれる"来加以概括。另外，"'钦差大臣'满天飞"隐含有"以钦差大臣自居"之意，所以译文在"勅使"后边补充了"然として"，使原文的语感得以充分表达。

（五）注释性词语的增补

汉语在一定的历史、政治、社会条件下形成的某些名词、术语和缩词等，如果直译成日语，读者将难以理解。为此，常常需要加些译注，特别是翻译一些学术性论著或涉及历史的论著。如《毛泽东选集》的各种文本中都有许多译注，用来说明当时的历史背景等。在一般性文章或一般文学作品中，若是添加必要的简短译释性词语即可说明问题，而不需另加译注时，可尽量采用这个办法，以便减轻读者的负担。

（1）"……'大头'轮流当。什么全聚德、丰泽园、砂锅居……转着圈吃。"

"……オヤは交替なんですが、全聚徳、豊沢園、砂鍋居とかいった一流の店を食べ歩くというわけです。"

例句中所提"全聚德、丰泽园、沙锅居"，指的是北京几家有名的一流餐馆。

中国读者，特别是北京人一看就明白。但是不了解情况的日本读者就不可能懂，不知道指的什么，从内容来看，也没有另加译注的必要，只要在译文中加上一句概括性词语"等一流餐馆/とかいった一流の店"便一目了然。

（2）人家看到像他这样体魄的人，很容易想到鲁智深。

彼のような大兵肥満型の男を見ると、誰でもすぐ「水滸伝」の中に出てくる魯智深を連想する。

《水浒传》中的鲁智深，在我国妇孺皆知，而日本读者虽然不少人知道《水浒传》，但是熟悉鲁智深的并不多，因此，有必要添加一句"「水滸伝」の中に出てくる"。

另外，汉语的许多缩写词，日译时一般要写全称才能使读者看得懂。例如："党的十一届三中全会"要译成"中国共產党第十一期中央委員会第三回総会"，若要缩写，须按照日语习惯写成："中共十一期三中総会"。再如"四项基本原则"一词，按照字面可译成"四つの基本原則"，但是一般的日本读者并不知道指的是什么。因此日译时除了另加译注，还可以把四项基本原则全部写出来，"社会主義の道を堅持し、人民民主主義專制を堅持し、中国共產党の指導を堅持し、マルクス・レーニン主義、毛沢東思想を堅持するという四つの原則"。我们常说的"四个现代化"，一般日语读者也不见得明白。翻译时可在首次出现该词时，先译出全称（農業、工業、国防、科学技術の四つの現代化），以后再出现就作"四つの現代化"处理。

三、词类的转换

在翻译实践中经常使用的一种重要手段就是词类的转换。一个词在原文中属某种词类或成分，而在译成日语时，却是另一种词类或成分，这是翻译中常见的现象。汉语与日语的语言习惯不同，语法、句子结构也不同，词类和成分也时有转换，名词与动词、动词与形容词、形容词与副词，或主语与谓语、谓语与定语之间，都有可能根据翻译上的需要互为转换。

这种转换，有时无需多加考虑，顺手而成。翻译中词类转换的例子俯拾皆是，若仅止于列举某些例子，似乎意义不大。这里只想就一些我们的学生在中译日中容易出现的问题，加以说明。

(一) 名词与动词的转换

中译日里的词类转换似以名词和动词间的转换为多。特别是由于日语是以动词为中心的语言，动词在句子中所占的份量较重，所以中文名词转换成日语动词的现象较多。例如：

（1）……他们站在一旁，等待我们的失败。

……彼らはそばに立っ見物しながら、われわれが失敗するの待っている。

原文的"失败"是名词，译成日语则是动词。"失败"一词在日语里可以是名词，也可以是サ变动词。因此译成："われわれが失敗するの待っている"似乎也无不可。但是原文的"我们的失败"，不单指"失败"本身，而是说"我们遭到失败"，因此把"失败"译成动词就更能准确地表达原文的意思。

（2）中国的对外政策……长远的、全局的战略依据……不受任何人的唆使和挑动。

中国の対外政策……長期的、全局的な戦略的根拠をもつものであって、他の何人かにそそのかされ、挑発されたりするよううなものではない。

原文名词"挑动"本可译成"挑発"较为简洁，然而与它并列的名词"唆使"却找不出可对应的名词汉字词，只得译成动词"そそのかす"。为了使文章顺畅，两个词都统一为动词。

下边举一些相反的例子，即动词转换成名词。

（3）事实上，只要全国工人、农民进一步提高认识，为不断提高劳动生产率、降低各种消耗、消灭各种浪费做坚持不懈的努力，人民生活是可以得到不断改善的。

文中"为……做坚持不懈的努力"的句子中有三个并列关系的动词短语，它们以顿号相隔，句子结构很清楚。如果把其中的三个动词"提高、降低、消灭"仍旧译成动词，其译文将是：

実際には全国の労働者。農民が認識をさらに高めて、断えず生産性を向上させ、各種の消耗を引き下げ、さまざまな浪費を根絶するために、たゆみない努力をするならば、人民の生活はたえず改善されるのである。

由于日语句子结构中"ために"位于最后一个动词短语之后，且没有顿号标记，三个并列动词短语的关系就不明确，不知"ために"是指第三项，还是第二、三项或三项全部。我们翻译这类长句子时，可将其动词转换成名词，使动词短语成为名词短语，关系就会明确，文章也简洁。更合理的译文如下：

实際には、全国の労働者、農民が認識をさらに高めて、生産性のたえまない向上、各種消耗の引き下げ、さまざまな浪費の根絶のために、たゆまず努力する限り、人民の生活はたえ改善されるのである。

（二）及物动词与不及物动词的转换

日语动词分为他动词（及物动词）和自动词（不及物动词），以后者为多，两种动词有其表示语法意义的形态变化。汉语动词一般不分及物动词和不及物动词（但前者为多），因此在汉日翻译时容易被忽略，使得译文中出现助词、句子结构等方面的错误。为了说明这一点，这里把能带受事宾语的汉语动词分为及物动词，把不带宾语和不能带宾语的动词分为不及物动词。

在汉日翻译中，要把汉语中某些双音节词的及物动词译成日语时，必须转换成"サ变自动词"，否则译文将发生语法错误。例如：

（1）鲁迅在青少年时期就十分同情劳苦大众。

魯迅は若いころから、貧しい働く人びとにたいへん同情していた。

汉语的"同情"是及物动词，受事宾语是"劳苦大众"，而日语的"同情する"却是自动词，只能是"～に同情する"，如果按他动词处理成："貧しい働く人びとを同情していた"，就错了。

（2）不去干涉他们的事情为好。

彼らのことに干渉しないほうがいい。

汉语的"干涉"是及物动词，受事宾语是"他们的事情"而日语的"干渉する"是自动词。这一类必须进行转换的汉语及物动词，常见的有：

参加、从事、出席、当选、到达、对抗、反对、服从、感染、感谢、干涉、回答、会见、混杂、加入、解答、抗议、命中、潜入、侵入、适应、赞成、着手、注意。

汉语双音节动词中有一些是两者兼有，既可做及物动词，也可作不及物动词，然而它们在日语中只能是サ变自动词。当这类词在文中用做不及物动词时，译文的问题就较少。

例如：

（3）我为他的诚实而感动。

私は彼の誠実さに感動した。

（4）我国的农业发展了。

わが国の農業は発展した。

但是当这类词在文中用做及物动词，带有宾语时，而又必须译出，使自动词带有"を"格时，则须借助使役助动词的"せる"，组成"～を～させる"的句式。例如：

（5）他的热情洋溢的演说感动了群众。

彼の熱情こもる演説は大衆を感動させた。

（6）我国发展了轻工业。

わが国は軽工業を発展させた。

这类汉语动词还有：

撤退、成立、大败、颠倒、冻死、动摇、饿死、发展、分解、分裂、分散、感动、激怒、满足、团结、瓦解、武装等等。

第二节　句子的翻译方法

一、句子结构对比与词语搭配

（一）汉语与日语的语序

1. 汉语的语序

汉语一般被认为是独立语，其特点如下。

（1）句子中的词类是各自独立的，没有什么形态变化。虽有"～子""～头""～儿""老～""第～"等词缀以及"了""着""过"等少数助词，但都不是表示词与词的语法关系。

（2）句子中的词与词之间的语法关系主要由语序来表示。

（3）汉语的语序反映了一定的逻辑事理，并按照约定俗成反映了一定的语言习惯。语序在汉语中显得特别重要。

2.日语的语序

日语一般被认为是粘着语，其特点如下。

（1）日语的体言、准体言和用言，除了特殊场合之外，须附加助词或曲折词尾才能使用，如：

彼 は あの本 を 貸し て あげ なかっ た ようだ よ
名 格助 连体名 格助 动 接助 动 助动 助动 助动 终助

（2）日语的格由助词来表示。

（3）日语的语序比较自由，没有汉语严格。

请比较下面两个句子：

①我对他说。

彼が私に言った。

彼に私が言った。

②他对我说。

私が彼に言った。

私に彼が言った。

汉语①句的"我"与"他"的语序不能兑换，一旦对换便成为②句，意思完全相反。在日语里只要助词清楚，"私"与"彼"的语序可以调换，调换后的意思仍不变。

从这个简单的例子可以看出，日语"助词"支配着整个句子结构，起着重要的作用。人们常常说日语的熟练程度主要取决于是否能够准确运用助词，道理即在此。总之，可以得出结论：汉语句子中的语序不可改变，它决定着语法关系；而日语句子的语法关系取决于助词，语序比较自由。

（二）汉语与日语的句子结构

上面谈到汉语语序不可改变，那么汉语的句子结构是如何组成的呢？以主谓句为例，一般情况:（独立语）（外位语）（定语）主语（状语）谓语（补语）（宾语）宾语。简单说来，先是主语，接着是谓语，然后才是宾语。如：

英语的语序与汉语基本相同：

I learn Japanese

主 谓 宾

日语则不同：

私は日本語を勉強する

主　　宾　　谓

主语在先，紧接着的是宾语，而后才是谓语。谓语部分与汉语正相反。为了对比汉语与日语的句子结构，我们不妨再举简单的主谓句，用 ABC 来分别表示主语、谓语和宾语，可排列出六种不同语序：

（1）A＋B＋C

同学 写完了 作业

学生は 書き上げた 宿題を

（2）A＋C＋B

同学 作业 写完了

学生は 宿題を 書き上げた

（3）B＋C＋A

写完了 作业 同学

書き上げた 宿題を 学生は

（4）B＋A＋C

写完了 同学 作业

書き上げた 学生は 宿題を

（5）C＋A＋B

作业 同学 写完了

宿題を 学生は 書き上げた

（6）C＋B＋A

作业 写完了 同学

宿題を 書き上げた 学生は

显而易见，汉语里只有（1）是正确的，其余都是不通的；而日语的（2）与（5）都是正确的。从这里我们可以看出，汉语的语序只能是 A＋B＋C，即主语—谓语—宾语，宾语必须跟随在谓语之后；而日语则（2）的 A＋C＋B 与（5）的 C＋A＋B 的两种都没问题。即：主语—宾语—谓语，或者宾语—主语—谓语都可以，这就是说，日语的主语和宾语可自由调换，但是位于句末的必须是谓语。

我们再进一步对汉语（1）句加上修饰限制成分做一些比较，并分别用 A1B1C1 表示各自的修饰限制成分。

（7）A1＋A＋B1＋B＋C1＋C

二班同学很快写完了翻译课作业

这个句子的语序似乎也难以再变动，仍然是主语—谓语—宾语。我们再看看日语有几种正确的组合。

（8）A1＋A＋C1＋C＋B1＋B

二組の学生は翻訳の宿題をすぐに書き上げた。

（9）A1＋A＋B1＋C1＋C＋B

二組の学生はすぐに翻訳の宿題を書き上げた。

（10）C1＋C＋A1＋A＋B1＋B

翻訳の宿題を二組の学生はすぐに書き上げた。

（11）C1＋C＋B1＋A1＋A＋B

翻訳の宿題をすぐに二組の学生は書き上げた。

（12）B1＋C1＋C＋A1＋A＋B

すぐに翻訳の宿題を二組の学生は書き上げた。

以上组合出来的五种句子，虽说强调之处有某些微小差别，但是基本上没有语病。

由此可以看出：(1) 处于句尾的必定是谓语 B；(2) 定语 A1 与定语 C1 一定分别在主语与宾语之前；(3) 包括定语 A1 的主语与包括定语 C1 的宾语只要助词清楚，可前可后，可以互换；(4) 状语 B1 可以比较自由地在 B 之前，也可以在 C1＋C 或 A1＋A 之前（当然强调之处会有不同）。

我们明白了上述道理，汉日翻译时就要注意以下几点：

（1）不可忘记句尾为谓语，特别是句子较长的时候；

（2）定语必须在名词之前；

（3）只要助词明白无误，主语、宾语、状语可视不同情况灵活变动其语序。

这里值得注意的是日语的句尾动词部分变化。前面谈到日语作为粘着语，其特点之一，就是用言有词尾变化（即"活用"），往往需要附加成分才能成为一个完整的词语。譬如"我（要）看书/わたしは本を読む"的"読む"，只有作为终止形用在句尾表示说话人的主观意志时，才没有变化，也不必有附加成分（这里仅以"だ体"论，不涉及"です、ます体"，下同）。如果是"你不要看书"便是"本を読むな""本を読んではいけない"等，须附加一些词语才构成一个完整的句子。这里的能愿动词"不要"作为状语用在动词前面，而日语中须作附加成分处理。举例如下：

（你）要看书/本を読め。

（我）要看那本书/本を読もう、読みたい。

我不想看书/本を読むまい、本を読みたくない、読むつもりはない。

我会看（英语）书/（英語の）本が読める。

可能在看书/本を読んでいるのかもしれない。

（正）在看书/本を読んでいる。

正要看书/本を読もうとしている。

必须看书/本を読まなければいけない。

"要""想""会""可能"都是能愿动词，句中作为状语。"在""正在""正要""必须"为副词，作状语。这样一些状语，日译时都要作为动词的附加成分处理，而不是作为独立的词语。

以下是汉日句子结构具体对照。

例1. 汉日一般都是主语在前，谓语在后。

私が 食べた。

我　　吃了。

学生が 忙しい。

学生　忙。

例2. 汉语：谓语在前，宾语在后。日语：宾语在前，谓语在后。

ごはんを 食べる。

吃　饭。

本を 読む。

看 书。

例3.汉日一般都是修饰语在前,被修饰语在后。

これは 綺麗な 花だ。

这是 一朵美丽的 花。

彼女の心の中は とても 嬉しい。

她心里 很 高兴。

例4.谓语在前,补语在后。汉日有时相同有时不同。

彼は 毎日 深夜まで 働く。

他 每天 工作到 深夜。

彼女は 歌が 上手だ。

她 唱歌 唱得很好。

例5.谓语在前,状语在后。汉日有时相同有时不同。

八時から 勉強する。

从八点开始 学习。

ゆっくり 食べなさい。

你吃 慢点儿。

例6.承接语序——先发生的动作在前,后发生的动作在后。汉日有时相同有时不同。

新聞を買ってくる。

我去买份报纸。

彼はケーキを買ってきた。

他买来了蛋糕。

魚を買ってきて、料理をする。

买鱼回来 做菜。

例7.同位语序——具体人物名在前,共同物名在后,汉日一致。

学生たち 李先生 ブッシュ大統領

同学们 李老师 布什总统

(三)词语的搭配

任何民族的语言单位的组合都要遵守该民族语言语法的规则,但是另一方面,这种组合也带有相当强的习惯性。有的话从字面上看起来似乎不合逻辑事理，但是在长期的语言实践中已经成为正确的习惯性说法。

对于这种约定俗成的习惯性说法，我们只能承认它，不可说不合逻辑事理而以个人的主观愿望去改变。譬如，早年在报上对"恢复疲劳"有所争议，有人认为不合逻辑，应该改为"消除疲劳"。但是经过几十年的社会实践应用，事实上早已被理解、默认。"看医生""打扫卫生"等也是如此，看起来并不合逻辑。因为"看医生"实指找医生"看病"，而不是"看望医生"，"打扫卫生"实指"搞卫生"或"进行打扫"，而不是"打扫""卫生"本身。

日语中的词语搭配也是如此，有一部分与汉语相同，但是有相当一部分由于两国民族语言上的约定俗成不同而相异。我们用日语进行表达时，必须严格遵守日语的语言习惯，而不是把汉语的搭配习惯照搬过去。

我们在进行汉日翻译中感到困难较多、需要注意的有四个方面：（1）谓语与宾语的搭配；（2）定语与中心语的搭配；（3）狀语与中心语的搭配；（4）数词与量词的搭配。现在就以上四个方面举例说明。

1. 谓语与宾语的搭配

以"打"字为例，"打"主要与以手击物或以物击物有关，如"打鼓""打架""XX被雨打湿了"等。除此之外还可用于与人交涉行为（如"打交道"）、建造、修筑（如"打墙"）、捆（如"打包裹"）、编织（如"打草鞋"）等等，甚至用于表示身体上的某些动作（如"打哈欠"）。日语中的"打つ"的用法也很多，除了以手击物或以物击物之外，还可用来比喻受强烈刺激及深受感动（如"鼻を打つ""心を打つ"）以及表示下棋（如碁を打つ）、举行或演出（如"芝居を打つ"）之意等。尽管"打"与"打つ"的基本意思相同，但是含义、用法不尽相同，有关的词语搭配相同者为少、相异者为多。举例如下：

打鼓——太鼓を打つ；打字——タイプを打つ；打针——針を打つ、注射をする；打刀——刀を打つ；打电报——電報を打つ；打记号——記号を打つ；打人——人を打つ（大多用于某种工具时。如动感情用于直接打时应为"なぐる"或"ぶつ"）；打水——水をくむ。

我们再看看以"下"为谓语的一些谓宾搭配关系。

下山——山を降りる；下雨——雨が降る；下霜——霜が降りる；下

雾——霧がかかる；下令——命令を下す；下乡——農村に行く；下班——仕事が退ける；下面——うどんを（鍋に）入れる；下结论——結論を出す、結論を下す；下功夫——力を入れる；下蛋——卵を産む；下象棋——将棋をさす。

上述例子并非说明"打""下"等动词有多种译法，而是想说明汉语与日语中的谓语与宾语都有各自的几乎不可改变的固定搭配关系，这种约定俗成的组合，是不能够任意改动的，这就要求我们必须熟谙这类搭配，才能进行汉日翻译。

2. 定语与中心语的搭配

定语与中心语的搭配较之谓宾搭配关系要灵活和松散，但是仍有各自的习惯。例如：

古老的风俗——昔ながらの風俗（＝古い風俗）；古老的民族——古の歴史を持った民族；疯长的杂草——ぼうぼうと伸びた草；奇特的景象——不思議な光景；全新的家具——真新しい家具；临别的赠言——別れの言葉；辽阔的大地——広々とした大地；深刻的印象——深い印象。

3. 状语与中心语的搭配

状语与中心语的搭配，也是比较灵活和松散的。例如："大家与凯蒂愉快地接受了这个任务"中的"愉快地接受了"便是状语与中心语，修饰与被修饰的关系。中心语"接受了"在日语中只能是"受け入れた"，而能够与此相搭配的词语应是"喜んで"或"気持ちよく"。如用"愉快に"，听起来会使人感到别扭。再举"父亲漫不经心地问了他一句"为例，状语"漫不经心地"用来修饰"问了"。日语的"问了"应是"きいた"，那么，可以与此搭配并能表达"漫不经心"的词语则是"きくともなしに"或"なにげなく"。"漫不经心"意为随随便便、不放在心上，可以与各种动作搭配，而在日语中则不一定。如："他漫不经心地翻阅杂志"，中心语已不是"问了"（きいた），而是"翻阅"（めくる）。这样，"さくともなしに"便不能同"めくる"搭配，而必须是"見るともなしに"。

日语中较为丰富的拟声词、拟态词常常用作状语，翻译时，若能恰如其分地选用这类词语，将使译文增添不少色彩。例如使劲地搓／こしこし（と）こする；垂头丧气地走了／すこすこと帰っていった；矢口否认／きっぱりと否定する。

4. 名词与量词的搭配

汉语的量词极为繁杂，根据《现代汉语八百词》附录"名词、量词配合表"，量词共有 143 词，如果加上临时量词（如：瓶、车、碗、筐等）和集合量词（如：一线希望、一轮红日等）等，其数量还要多得多。名词与量词搭配非常固定的。例如：一件衣服、一双筷子、一床被子、一把伞、一串葡萄、一道光等等。一个名词还往往有两种以上量词来搭配。譬如"一支笔"，也可以说是"一枝笔""一管笔"或"一根笔"；衣服除了以"一件"来数之外，还可以用"一身""一套"来数；可以与"书"配合的量词竟有六种之多：本、册、部、卷、套、摞等。因此，外国人学汉语时感到特别头痛。

日语也有不少量词，虽然不及汉语繁多，但是也有一百多，远比英语多。日语里的名词与量词同样有固定的搭配。我们数衣服为"件"，日语是"枚""本""房""す""じ"。当然也有相同的，如：缝纫机、车床的量词都是"台"，牛、马的量词分别是"头""匹"，诗的量词都可以是"首、句、行"等。日语的一部分名词也可以由两种以上量词来搭配。譬如衣服除了"点"之外，根据不同场合还可用"枚""着""七引"，数药片可以是"锭"或"粒"等，但总数没有汉语多。

汉语与日语的常见量词，异同参半，所以不但日本人为汉语的量词感到头痛，我们在翻译成日语时也常常伤脑筋，有时为一个量词不得不花很多时间去查找。总之，一定要掌握好正确的组合，翻译时切不可照搬，更不可随意搭配。

二、翻译句子的方法

（一）直译与意译

直译与意译是多年来翻译界争论较多的一个问题，至少可以追溯到佛经翻译时期。在翻译研究中，若以翻译方法作为研究对象，似乎可以从两个方面着手，即视翻译为过程亦或结果。从过程看，则是从翻译应采用何种方法着手，直译还是意译或者两者兼而有之；从结果看，乃是将在特定社会文化语境中的译本作为研究对象，探讨译者采取何种方法，以及隐藏在这种方法背后的动机或目的。可以看出，这两种方法是互逆的。怎么理解直译和意译这两种翻译方法，究竟孰优孰劣，应视语境而定，直译与意译本身并无高低之分。

直译是指在保留原文字面意思和句式顺序的前提下进行翻译，而意译则是译者在理解原文的基础上用个人的方式进行翻译。直译和意译是互补的，在翻译的过程中，直译和意译的使用并不矛盾，然而无论直译还是意译，都需要把控好度。许渊冲认为，"直译是把忠实于原文内容放在第一位，把忠实于原文形式放在第二位，把通顺的译文形式放在第三位的翻译方法；意译却是把忠实于原文的内容放在第一位，把通顺的译文形式放在第二位，而不拘泥于原文形式的翻译方法。"[1] 不论是直译还是意译，都必须忠实于原文的内容和意义。通过日、汉两种语言特点的对比，分析其异同，阐述表达原文的一般规律。日、汉语的结构有相同的一面（日语与汉语的某些词或短语相同，但那是由于历史原因而形成的互相借用），翻译时可照译，即所谓"直译"——既忠实原文内容，又符合原文的结构形式。但这两种语言之间还有许多差别，如完全照译，势必出现"日化汉语"，这时就需要"意译"——在忠实原文内容的前提下，摆脱原文结构的束缚，使译文符合汉语的规范。特别要注意的是"直译"不等于"死译"，"意译"也不等于"胡译""乱译"。

例如：

（1）ある日の暮方の事である。一人の下人が羅生門の下で雨やみを待っていた。

[译文1] 是一日的傍晚的事。有一个家将，在罗生门下待着雨停。

[译文2] 一天傍晚时分，站在罗生门下的一个仆人等着雨停下来。

[译文3] 薄暮时分。罗生门下。一个仆人正在等待雨的过去。

[要点分析] 其中对时间、地点的翻译，显示了三个译文对整段文字意义的不同把握。译文1分别把表示时间和地点的"ある日の暮方の事である""羅生門の下で"按照原文的顺序直译为"是一日的傍晚的事"和"在罗生门下"，而译文2、译文3则更符合汉语的规范，突出强调中文的时间、地点的描述，所以相比较而言，译文2、译文3的意译法为好。

（2）教科書検定制度は、密室で検閲とも言える審査がされるなど問題の多い制度ですが、日本の侵略戦争と植民地支配を美化した教科書、を合格させ

---

[1] 傅敬民，吕鸿雁. 当代高级英汉互译 [M]. 上海：上海大学出版社，2004.

たことは、政府の国際公約と教科書検定基準にも反しており、政府が自らの基準に照らしても合格を取り消すのが当然です。

[译文1]教科书检查审定制度问题很多，诸如被认为是在密室中进行的检阅、审查。美化日本侵略战争和殖民地统治的教科书被检定通过，这违反了政府的国际公约和教科书检查审定标准，即使对照政府自己的标准，也应取消其所谓"合格"。

[译文2]教科书检查审定制度是存在诸如被说成是在密室中的检定、审查等的很多问题。让美化日本侵略战争和殖民地统治的教科书合格，这也是违反政府的国际公约和教科书检查审定标准的，政府即使参照自己的标准也是应该取消其合格的。

[要点分析]译文2第一句是典型的直译，完全按照日本表达形式，译成了一个长长的定语复句，翻译腔比较浓，且不易被人理解。第二句和第三句中出现的"合格"一词的翻译，可以说完全是一种死译。而译文1则采取了直译和意译相结合的方式，保证了原文信息的准确表达。

（3）歴史を学ぶとは、今の時代の基準から見て、過去の不正や不公平を裁いたり、告発したりすることと同じではない。過去のそれぞれの時代には、それぞれの時代には特有の善悪があり、特有の幸福があった。

[译文1]学习历史，从当今时代的标准来看，已经不同于裁决和揭露过去的丑恶行径。过去的各个时代，均有各个时代所特有的善恶和幸福的标准。

[译文2]学习历史，不同于用当今时代的标准来揭露或裁决过去的丑恶行径。过去的各个时代，均有其特有的善恶和幸福的观念标准。

[要点分析]译文1第一句是典型的直译，也是典型的歧义句，译者没有抓住"歴史を学ぶとは、……ことと同じではない"这个基本骨架，所以造成了误译。而译文2则按照汉语的表达特点，巧妙地采用了直译和意译相结合的方法。

（二）分译与合译

我们在进行简短的日汉句子翻译时，一般译文和原文的句子是相对应的，译文和原文的断句和结句大体上也是一致的。但由于中日两种语言的语法不同，表达习惯也存在差异，所以有时需要把很长的句子拆开翻译或把几个短句合并翻译成一个长句子，前者叫做"分译"或"拆译"，后者叫做"合译"。日语的长句子比较多，如果把比较长的日语句子照原样翻译成一个中文长句子时，往往会出现逻辑表达上的混乱。此时往往要把一个日语长句子分译成若干个中文短句子。同时，日语中使用逗号或顿号时，往往是为了加强语气、强调重点，所以翻译成汉语时，不能随便地将日语中的逗号或顿号处理为断句，翻译时要根据上下句的关系来重新组合译文，不必死板地拘泥于原文的标点符号。

1. 分译

（1）もっとも彼は決して社交的を人間ではなかった。彼は学校では僕以外の誰とも仲良くはならなかった。あれほど頭が切れて座談の才のある男がどうしてその能力をもっと広い世界に向けず我々三人だけの小世界に集中させることで満足していたのか僕には理解できなかった。

[译文] 他原本也不是那种社交型的人物。在学校里，他只和我一个熟。我实在不明白，为什么像他那样一个头脑好用、口才又好的人，不往外头那一片广阔的世界上去发挥他的才能，却满足于我们这三个人的小小世界。

[要点分析] 上文是一个典型的日语长句，包含多个主语，多个动词，表达内容繁多，句子构造也比较复杂，翻译时要把句子拆分开。这句话的主干是"僕には理解できなかった"译为"我不能理解"，同时它的宾语又是一个长句，形式名词"の"将"～男が……満足していた"这个句子体言化，做了主句"理解"的宾语。并且在这个从句中又包含着长定语从句"あれほど頭が切れて座談の才のある"，以及长状语从句"どうしてその能力をもっと広い世界に向けず我々三人だけの小世界に集中させることで"。所以要把长的定语从句和长的状语从句单独翻译出来。我们把一些长句拆分开来翻译，既符合我们汉语的表达方式，使句子表达清晰合理，同时又保持了原意。

（2）実際、僕と直子のあいだには共通する話題なんて何ひとつとしなかった。だから仕方なく我々は殆ど何もしゃらずに水を飲んだりテーブルの上のものをいじりまわしたりしていた。そしてキズキが戻ってくるのを待った。

[译文] 事实上，我和直子之间并没有共同的话题，无奈，我们几乎没什么谈的，只是默默地喝水，或摆弄桌子上的东西，静静地等着木月回来。

[要点分析] 文中"だから仕方なく我々は殆ど何もしゃらずに水を飲んだ

りテーブルの上のものをいじりまわしたりしていた”这一长句翻译成汉语时，应将其拆分开，这样才比较符合汉语的表达方式。

（3）もうそんな寒さかと島村は外を眺めると鉄道の官舎らしいバラックが山裾に寒々と散らばっているだけで、雪の色はそこまで行かぬうちに闇に飲まれていた。

[译文] 岛村心想：已经这么冷了吗？他向窗外望去，只见铁路人员当作临时宿舍的木板房，冷冷清清地散落在山脚下，给人一种冷寂的感觉。雪的白色还没有延伸到那边，就早已被黑暗吞噬了。

[要点分析] 原文中一共有三个“と”，这三个“と”分别属于不同的用法，我们可以通过它来把这个长句划分开来。第一个“と”表示岛村心里活动的内容，因此翻译时将长句分开，译成“岛村心想：已经这么冷了吗？”；第二个“と”是接续助词，表示条件，因此这里也应该断开，译成“他向窗外望去，只见……”；第三个“と”接在副词后，表示状态，翻译为“木板房冷冷清清地散落在山脚下”。

2. 合译

（1）愛の誓いも戯れも、砂に刻んだ文字は波がさらい、風が消し、二人だけの秘め事になる。ところが、場所によってはそうそう甘いことも言っていられない。

[译文] 无论是爱的誓言，还是玩笑，镌刻在沙粒上的文字历经风吹雨打逝去后，都化为了两人独享的秘密。可此事根据场合的不同，并不总是如此甜美。

[要点分析] 原文中“波がさらい、風が消し”翻译成汉语时，应符合汉语的表达形式，合译成“风吹雨打”。

（2）物を捨てればゴミになるが。リサイクルすればゴミを減らすことができる。だが、リサイクルは形を変えるのでお金もかかるし、エネルギーも使う。

[译文] 用过的物品丢掉就变成了垃圾，如果我们将其回收再利用的话，就能够减少垃圾的排放量。但是回收再利用需要将其形状改变，因此需要花费金钱和能源。

[要点分析] 原文中“お金もかかるし、エネルギーも使う”这一句虽然因为日语的习惯搭配，出现了不同的动词、不同的宾语，但是动词翻译成汉语时都

是"花费，利用"的意思。因此，翻译时只翻译一个动词即可，这样就合译成了一个句子。

（3）先生に限らず、奥さんに限らず、二人も私に比べると、一時代前の因襲のうちに成人したために、そういう艶っぽい問題になると、正直に自分を開放するだけの勇気がないのだろうと考えた。もっともどちらも推測に過ぎなかった。そうしてどちらの推測の裏にも、二人の結婚の奥に横たわる花やかなロマンスの存在を仮定していた。

[译文]无论是先生和太太同我相比，毕竟是在上一时代遵守旧的风俗习惯的环境中长大的，因而在男女问题上没有足够的开诚布公的勇气。当然两者都不过是我的猜测罢了，并且假定两个猜测背后都有五颜六色的罗曼史存在于两人的婚姻生活的最深处。

[要点分析]原文中"先生に限らず、奥さんに限らず、二人も私に比べると"这句中相同的部分省去，合译成一个句子"无论是先生和太太同我相比……"。

（三）加译与减译

在日汉翻译过程中，为了使译文更加忠实于原文，更符合译文的语言表达习惯，往往在译文中加上或减去原文中没有或多余的词语或句子，前者叫做"加译"或"增词"，后者叫做"减译"或"减词"。

1. "加译"或"增词"的使用场合

（1）汉语与日语表达形式不同，日语中多通过动词的变化表达出丰富的意思，因此，日语翻译成汉语的过程中，要把日语动词表达式隐藏的部分或暗含的意思补充出来，才能让读者明白其中的含义。

例1：梅干しを目の前に置いて、食べずにじっとにらむ。そうして、わき上がる「酸っぱい感じ」をおかずにご飯をかきこむ。にんまり呆れるような「倹約談」が、次から次へと繰り出される。

[译文]这个人把梅干放在面前，不吃而是紧紧盯着它看，然后就着从喉咙里涌出的酸味往嘴里扒饭。如此令人目瞪口呆发笑的"节俭言谈"一个接一个地蹦出来。

[要点分析]"食べずにじっとにらむ"译成汉语为"不吃而是紧紧盯着它看"，

添加转折助词"而是"。"わき上がる「酸っぱい感じ」"翻译成汉语时需要加译成"从喉咙里涌出的酸味"这样表达才更丰满。

（2）日语表达时常常省略主语，翻译成汉语的过程中，必须将其补充出来，特别是日语在敬语表达以及授受关系的句子中，这种现象更为常见。

例2：従業員たちもずいぶんよく働いてくれたから、二、三日休みを取らせてやってはどうだろう。

[译文] 这一段时间，工人们干得非常卖力，放他们两三天假吧。

[要点分析] 这是一个使役加授受关系的句子，翻译时应添加人称代词"工人们"或"他们"。

例3：お忙しいところ恐れ入りますが、来週の大学入学試験のことでちょっとお伺いしたいですが、よろしいでしょうか。

[译文] 对不起，打扰您了，关于下周的研究生的入学考试问题我想咨询一下，您有时间吗？

[要点分析] 这是一个敬语句，翻译成汉语时，应添加人称代词。

例4：しばらくしてから、「私は本当の墓参りだけなんだから」といって、そこまでも墓参りと散歩を切り離そうとする風に見えた。

[译文] 过了许久，先生开口说道："我真的是去扫墓的。"看上去他无论如何都要把扫墓和散步区分开来。

[要点分析] 原文中并没有出现主语，但翻译时需要根据上下文，将其补充出来，这样翻译后才能让人看懂，也更符合汉语的表达形式。

2."减译"或"减词"的使用场合

（1）日语中反复出现的部分，在翻译成汉语时，一般可以省去不译或只译出一个即可。

例1：いつ自分が今何をしているのか、これから何をしょうとしているのかさっぱり分からなかった。大学の授業でクローデルを読み、ラシーヌを読み、エイゼンシュテインを読んだが、それらの本は僕に殆ど何にも訴えかけてこなかった。

[译文] 我一点儿也不知道自己在做什么，将来想做什么。在学校里我读过克劳德、拉辛，还有艾洁休亭等人的作品，但那些东西却丝毫无法打动我。

[要点分析]在这段文章中"大学の授業でクローデルを読み、ラシーヌを読み、エイゼンシュテインを読んだが"动词完全相同,这种情况翻译出一个就可以了,如果把出现的相同的动词全部翻译成汉语,那么就会显得啰嗦,也没有了文采。

例2:彼らはここで茶を飲み、ここで休息する外に、ここで海水着を洗濯させたり、ここで塩はゆい身体を清めたり、ここへ帽子や傘を預けたりするのである。海水着を持たない私にも持物を盗まれ恐れはあったので、私は海へはいるたびにその茶屋へ一切を脱ぎ棄てる事にしていた。

[译文]他们在此喝茶、休憩、洗泳衣、洗净因为洗海澡而变得咸咸的身体、寄存帽子和伞。我虽然没有泳衣,但也怕东西被人偷走,每次下水前,都在这个小茶棚里脱衣服后下海。

[要点分析]「こころ」的这段文章中反复出现了"ここで~",这里只翻译出一个就可以了,其他的都可以省去不翻译。

(2)日语中的形式名词在翻译成汉语时一般省去不译。

例3:正直をところ、その時の僕には風景なんてどうでもいいようなものだった。僕は僕自身のことを考え、その時となりを並んで歩いていた一人の美しい女のことを考えて、僕と彼女とのことを考え、そしてまた僕自身のことを考えたそれは何を見ても何を感じても何を考えても、すべてはブーメランのように自分自身の手元に戻ってくるという年代だったのだ。

[译文]老实说,那时候我根本不在意什么风景。我只关心我自己,关心走在我身边的这个美人,关心我和她之间的关系,然后再回过头来关心我自己。不管见到什么,感受到什么,想到什么,结果总会像循环飞镖一样,又飞到自己这一边来,当时正是这样一个时代。

[要点分析]文中出现了多个形式名词如"ところ""との""こと",并且"こと"还反复出现多次。翻译时,根据汉语的表达,以及上下文的衔接,形式名词一般不翻译出来。

(3)日语中的一些动词或词组在翻译时可以省去不译。

例4:明かりを消させても、それだけでは「ねらい撃ち」に終わってしまう。コンビニに限らず、少しずつでも便利さを捨てていく決意が誰にも必要だろう。素朴を時代に戻れるかどうかは心もとないけれど、今の暮らしにどっぷりでは地球が守れないのは、もう明らかなのだから。

[译文] 就算熄灭了灯光，仅仅如此只能算是"瞄准目标"了。不仅限于便利店，每个人都必须有逐步一点点地舍弃些许方便的决心吧。虽然不能断言是否能够回归生活简朴的时代，但沉溺于现在的生活就无法保住我们的地球。这一点已经是很明确。

[要点分析]"明かりを消させても、それだけでは「ねらい撃ち」に終わってしまう。"这一句中"に終わってしまう"省去不译。

（四）倒译

倒译是一种翻译方法，指在两种语言具有不同语法规则和表达习惯的情况下，通过调整译文句子中词语的顺序，使其与原文句子相匹配，而不改变原文意思。具体做法可以是将原文句子中的词语或内容放到译文句子前面，或者将译文句子前面的词语或内容放到原文句子后面。在翻译时灵活使用倒译可以让译文质量更高。

（1）明かりをさげてゆっくり雪を踏んできた男は、襟卷で鼻の上まで包み、耳に帽子の毛皮を垂れていた。

[译文1]（直译）提着灯，踏着雪慢慢走过来的男人，用围巾一直包到鼻子的上面，帽耳朵一直下垂到耳朵两侧。

[译文2]（倒译）一个把围巾缠到鼻子上、帽耳耷拉在耳朵边的男子，手拎提灯，踏着雪缓步走了过来。

[要点分析] 根据汉语的说话习惯，外貌、穿着经常放在被修饰的人物前做定语，而表示动作的词则多作句子的谓语成分。结合作者所要表达的意思，我们可以看到通过倒译方法翻译的句子更符合汉语逻辑。

（2）「後生畏るべし」、という。「後生」は後から生まれた者、若い世代のことである。可能性に満ち、どれだけ伸びるかわからない。若者こそ畏敬すべきだと、古人は説いた。

[译文1]（直译）"后生可畏"所说的"后生"就是后来出生的人、年轻的一代。他们充满可能，谁都难以想象他们蕴含着多大潜力。正因为年轻，才值得敬畏，古人常这么说。

[译文2]（倒译）有个成语叫"后生可畏"，其中的"后生"就是指后来出生

151

的人、年轻一代。对于他们来说，一切皆有可能，谁也不知道他们到底蕴含着多大的潜力。古人云：正因为年轻，才更值得敬畏。

[要点分析]原文中的"……という"以及"……と、古人は說いた"在翻译时，应按照汉语的说话方式，翻译成"某人说……"或"古人云……"并且一般放在所说的话的前面。

（3）指で覚えている女と眼にともし火をつけていた女との間に、何かがあるのか何が起きるのか。島村はなぜかそれが心のどこかで見えるような気持ちもする。まだ夕景色の鏡から醒め切らぬせいだろうか。あの夕景色の流れは、さては時の流れの象徴であったかと、彼はほとそんなことを呟いた。

[译文1]（直译）自己手指的感觉记住的女人，和眼睛中映出灯火的女人之间，岛村不知为什么内心深处总觉得她们之间会发生什么似的。也许是不能从这反射着蓉色的镜子中清醒过来吧。那暮色的流逝，也许就象征着时间的流逝吧，他这样自言自语地说道。

[译文2]（倒译）岛村不知怎地，内心深处仿佛感到：凭着指尖的感触而记住的女人，与眼睛里灯火闪映的女人，她们之间会有什么联系，可能会发生什么事情。这大概是还没有从暮景的镜中清醒过来的缘故吧。他无端地喃喃自语：那些暮景的流逝，难道就是时光流逝的象征吗？

[要点分析]从以上的两个译文中，我们可以很清楚地看到，倒译的句子更符合汉语的表达方式，同时也更有逻辑性，更符合小说的写作方式。

第三节　篇章的翻译方法

一、科技翻译

（一）科技文体的特点

科技翻译作为翻译学的一个分支，由于科学技术的突飞猛进和科技交流的迅猛发展，已经受到人们的普遍重视。所谓科技翻译，主要是指科技文献的翻译。科技文献的体系庞大，造成科技翻译错综复杂的情况。从科技文献的种类来看，包括科技报道、科技论文、专利文献、科普读物、科幻小说等。科技文献是说明科学道理和技术问题的,所以就决定了具有如下的特点。

(1)主要使用规范的简体句(文章体),只有少数的使用敬体句です、ます体。

(2)各类科技文章都具有自己独特的文体。科技翻译既涉及正式程度很高的十分严谨的专利和标准文献,又涉及融知识性、趣味性、形象性于一体的正式程度较低的科普读物。我们不能把科技小品中优美动人的辞藻用到专利、标准等文献中去,也不能用产品广告的口吻来翻译科技论文。

(3)专业术语较多,且外来语多。当代科学以学科分支相互渗透为特征,科技翻译很少囿于一两个专业,此外科技知识日新月异,科技翻译工作又处于学科前沿,所以要不断熟悉专门的常用语句,不断更新知识体系。

(4)惯用句型多,长句多。

(二)科技文体翻译的注意事项

科技翻译是独立于其他类型的翻译的,在文字处理上的独特之处是它追求形式与逻辑的结合,所以在翻译科技文章时应注意以下事项。

(1)首先要弄清读者对象,要向读者对象提供言简意赅的翻译文章。

一般情况下,容易出现的问题就是稿件拿过来直接进行文字翻译,而不考虑翻译文章所要面对的读者对象。实际上弄清科技文章的读者对象是谁(中学生、工厂的一般操作人员、工厂的高级工程师等)是很重要的,如果忽视了这一点,就容易在文章文体和用词选择方面出现错误。比如翻译一本《汽车服务指南》,它面向的读者为在汽车经销店工作的一般修理安装技术人员。在日本,在这些汽车经销店工作的人是大学本科毕业生,而在中国,在这些汽车经销店工作的大学毕业生就比较少,所以在翻译时就要考虑不要使用复杂的句子,要使用简单、明了的词语和句子。

(2)根据中日语言标点符号的使用特点,翻译过程中要慎重处理语言的断句。

日语中使用逗号或顿号时,往往是为了加强语气、强调重点,所以翻译成汉语时,不能随便将日语中的逗号或顿号处理为断句,这样可能出现错译。

日语的特点是并不单纯地使用逗号或顿号表示中顿,也可以通过体言后续助词、用言以及助动词的活用形来表达停顿，所以翻译汉语时，不能连译，而应做必要的断句。

（3）要准确掌握和翻译专业知识、专业术语。

科技文的翻译一般采用直译的方法，对于定义、定理和结论，要翻译得简明、扼要，合乎逻辑，应特别注意避免概念不清的表达，区别词语的一般意义和专业意义，避免望文生义。

（4）要保持概念统一。

在同一篇科技文章中，同一个概念一般不用两个或更多的术语来表示，所以翻译时译词应该固定，不能对同一概念前后使用不同的译词，否则会引起理解上的混乱。

（5）原文中穿插的英语和缩略语，在译文中最好保留。

（6）准确把握好日语中一些特殊数字、符号的表达习惯。

当然，"信、达、雅"的标准，既适合于文艺作品的翻译，也适合于科技文章的翻译，但侧重点有所不同，文艺作品的翻译侧重"雅"，在"信"上面允许有一定程度的灵活性；科技文章的翻译则强调"信"，对"雅"的要求放得较宽。

二、文学作品翻译

（一）文学作品的特点

文学作品的语言特点实际上就是指文学作品的体裁。各类文学体裁在形式的演变中逐渐确定了自己的特点和规律，包括表情达意、塑造人物形象、构建结构、运用语言等方面。一般来说，文学作品可以分为三类，分别是叙事类、抒情类和戏剧类。作者以第三人称的口吻讲述客观世界中的事件，强调生活动态和人物性格，这种文学形式被称为叙事文学，其中包括叙事诗、小说、神话以及童话等。抒情类的作品主要是作者以主人公的视角和口吻表达出内心的情感、思想，通常不强求完整的情节和人物形象。这类文体包括抒情诗、抒情散文等。在戏剧作品中，人物用自己的语言和肢体动作来呈现艺术形象。它既非故事性文学，也非抒情性文学，但具备这两类文学的一些特点。文学作品的复杂多样决定了其具有如下特点。

（1）各类文学作品都有自己独特的文体。文学语言可以提升一般语言的表现能力，因为它包含着作家丰富的感知、情感、想象等心理经历。在文学语言中，通过言外之意来传达和表现作家内心的情感，赋予了作品一种非凡的心理深度。因此，文学作品通常包含着许多心理层面的信息，语言具有蕴藉性。

（2）文学作品始终离不开想象、幻想、联想和虚构。

（3）文学作品主要多运用形象思维，以生动感人的形象语言描写对话。文学语言中口语表达较多，且方言多，这就要求翻译者对日本的风俗、社会、历史和文化有较深的了解。

（4）文学作品是社会感化的手段，重在审美。

（二）文学作品翻译的注意事项

1. 弄清写作年代、社会背景

一般情况下，容易出现的问题就是稿件拿过来直接进行文字的翻译，而不考虑翻译文学作品所需要的内在知识。文学是在历史中逐步酝酿形成的，对于一部作品，他的写作年代、当时的社会人文都对其有深远的影响，忽略这些就不能很好地在译作中还原作品的真实面貌。

2. 必须充分理解原作

翻译者和作者必须充分移情会神，最大限度地领悟原作之美。还要在表达原作之美上竭尽才情，将自己的所得所感灌注于译作之中。在原文内容和新语言形式之间找到完美的结合点，再现原作的整体美。

3. 传达"思维内容"，强调"风格特色"

这正是文学作品不可缺少的两个关键因素。没有风格的作品必然显得苍白无力，毫无生气，正如人缺少了个性一样。作品有了风格，人物的音容笑貌和性格特点便会跃然纸上，妙趣横生。因此，作为文学翻译，必然也要力求传达出原著的精神风貌和风格，否则翻译则成了单纯的文字信息传递，这对于文学作品的理解是毫无意义的。

4. "忠实""准确"必不可少

这是文学翻译的难点所在。文学翻译是在忠实于原著基础上的再创作，这就要求文学翻译要忠实、准确地传达出原作的主要内容和精神内涵，而不应该因个人喜好而随意添加或删减。然而，不同语言的特点和规律不同，简单机械地进行翻译往往难以取得应有的效果。因此，在坚持翻译"神韵"原则的基础上，需要进行一些调整和变通，以达到文学翻译的"再创作"效果。否则以死译、硬译的方式翻译，虽然看似忠实，却可能违背了原著深层次的精神内涵。

  文学是语言的艺术，它与其他艺术形式一样具有审美价值和欣赏价值。整部作品的审美诸要素是决定其审美价值的基础。译者需要在理论上将自己的翻译过程分成两个阶段，即翻译阶段和文学化阶段，以确保在不改变原文意思的前提下进行翻译。

第六章　日语翻译中的加译技巧

加译，就是把原文的隐含意义或句子成分等内容用显现的语言表达出来。本章介绍内容为日语翻译中的加译技巧，主要从以下四个方面进行简单的阐述：结构性加译技巧、逻辑性加译技巧、说明性加译技巧、修饰性加译技巧。

第一节　结构性加译技巧

在翻译过程中，需要进行结构加译。这意味着在双语转换中，语法结构可能不匹配，导致在原始语言中无需出现的词汇必须在译文中出现，否则译文会失去通顺性。在中日两种语言的结构存在差异的情况下，将一些额外的翻译（即加译）加入日汉翻译中是最为常见的。本节将探讨结构性加译的运用，主要从四个方面进行阐述：人称代词的加译、数量词的加译、动词的加译以及原文省略部分的加译。

一、人称代词的加译

在日语中，有些谓语已经隐含了指向特定人称的意思，或者是通过语法结构的支持省略了前面的内容。因而，在某些情况下，日语中的人称代词可以被省略或不必在字面上显示，这样的句子仍符合日语的语法和表达准则。然而，在翻译时，为了避免引起误解和理解困难，就必须加入相应的人称代词。

（一）敬语句

在日本语言中，有一种称作敬语的表达方式，它用于表现人与人之间在社会等级和亲疏关系上的不同。一般来说，在学习日本敬语时，首先要明确几种不同类型的敬语，如尊敬语、谦逊语和敬重语等。在日语中，使用敬语需要按照特定的规则进行，只要按照固定的形式，就能恰当地表达人际关系。因此，通常情况下（日语敬语中）人称代词是可以省略的。

例1：私たちが指導者と軍隊をもってなかったことを<u>お考えになる</u>まえに、兵士の嘲笑を思っていただきたい。

译：您在考虑我们没有领导和军队之前，请您先想一想士兵对我们的嘲笑吧。

在例1中，划线部分是使用日语敬语表达的，这种用法可以清楚地表达句子中的逻辑关系。尽管如此，在将其翻译为中文时，如果没有使用适当的人称代词，在翻译的过程中还是可能会导致句意不清、逻辑不通的问题，因此需要在译文中加入相应的人称代词。虽然在原文（例1）中没有使用"您"这个词，但为了传达尊重对方的表达意思，在翻译成中文时需要添加适当的尊称，以清晰地表达句子中蕴含的人际关系。

（二）授受句

例2：行商人たちは取引をすませると声高に諸国の見聞記を伝えてくれただ、私たちの誰ひとりとして山についての正しい像を持っている者はなかった。まして海や湖など、はたして町の人間の何人が死ぬまでに見ることだろうか。

译：外出经商的人们完成交易后，就会大声地给我们讲一些他们在其他国家的见闻，但是我们之中没有一个人能够正确描绘出山峦的样子，更遑论大海和湖泊，最终镇上的人们又有几个能在有生之年见过这些呢。

在日语的授受句中，通常不用人称代词，就能明确表达谁对谁做了什么。然而，翻译成中文时，如果不加入适当的人称代词，便难以准确说明动作的执行者和受益者。例2中的这些补助动词都表示授受关系，使用它们可以清晰地表达"谁给了谁什么，谁为谁做了什么"的关系。在翻译成中文时，需要加入人称代词以便明确这种关系。如果省略这些人称代词，日语翻译成汉语就会让人感到困惑。

（三）以第一人称为视角的叙述句

日语中的第一人称代词通常被省略，尤其是在以第一人称为视角的叙述句中。这种省略并不会影响语句的理解，因为它可以从上下文的关系中推断出来。在汉语的表达方式中，则需要明确动作的执行者，因此处理这种句子时必须翻译人称代词，否则会导致句子不流畅，令人感到困惑。为了明确主体，中文翻译中必须加入第一人称代词，而原文却没有出现人称代词。

例3：山も海も見えないくらい広漠とした国に住んでいながら壁なしにす

こせないとは奇妙なことだが、事実である。

　　译：我们虽然住在见不着山峦和大海的广阔国度，但是没有墙壁的包围就不能度日，这很奇妙，却也是事实。

　　例4：壁の心配のいらない日はかつて訪れたことがないのだ。

　　译：我们从来没有一天不为城墙的事担惊受怕。

　　例5：それが空を駆ける虎にかわろが岩角で羽ばたく鷲にかわろうが、知ったことではない。

　　译：我们不知道旗帜的图像会变成驰骋于天空的老虎还是在岩尖振翅的凶鹫。

　　例6：彼らの矢のおそるべき正確さと気まぐれの記憶は忘ることができなかった。

　　译：我无法忘记他们弓箭的令人惊悚的命中率和那些令人心慌意乱的记忆。

　　例3至例6都采用了第一人称的叙述视角。当表述内容涉及自我认知时，日本人更倾向于关注自己的情感和想法，这是一种本能的反应。因此，由于这样的限制，日本人通常运用第一人称作为表达的主体。但是日本人又有「我在し」这样的意识，因此经常省略第一人称。这与中文通常以动作行为主语为主体进行表达形成了显著的对比。

　　在日语中，除了上述三种情况，还有一些常见的情况会省略人称代词，如寒暄句、表达愿望的句子以及表达思维情感的句子等。这些都是常见的情况。

二、数量词的加译

　　本节所要探讨的"数量词"中的一种形式，即以"一＋量词"组合而成的形式。通常情况下，日语表达数量时会省略数量词，除非需要强调或特别说明。相对而言，中文常常使用数量词来达到句子平衡的效果，并且也可以调整语气。下列例句中，在表示单数的时候，日文通常省略了数词"一"，但是中文却都添加了像"一种""一个""一天""一小片""一场"等数量词。

　　例7：この壁と、各人の家と、どちらの建造がさきであったかは正確なことをおぼえている人間がいまではみんなしんでしまったから、わからないことではあるが、おそらく城壁のほうがさきだったにちがいない、と私たちは信じている。

译：城墙和家家户户的房屋，到底哪一个最先建成，关于这个问题，知晓答案的人都已过世，所以这是一个无法破解之谜，但是我们相信城墙应该是最先建成的。

例8：私の父は半農半商であっても、城外に彼は小さな畑をもつ。

译：我的父亲半农半商，在城外有一小片田地。

例9：雑貨商といっても、諸国の行商人たちのもってくるいろいろな品物を町の産物と交換する交易所のようなものである。

译：说是杂货铺，其实就是一个用镇上的产品和外出行商的人带回来的物品进行交换的场所。

例10：幾人かの人びとが集り、私と母は女に粟一袋をやってなかせた。

译：葬礼上聚集了几个人，我和母亲给了一袋谷子让一个女人哭丧。

三、动词的加译

（一）表示方式的「で」

例11：彼らが門口を去ると、たちまち村じゅうの男たちが集ってそのあとを追い、よってたかって鎌やれんがらで彼らをたたき殺した。

译：等到他们从城门离开后，村里的男人们立刻聚集起来，拿着镰刀和砖头去追赶并打杀他们。

例12：そして、彼らがふたたびどこかの軍隊に入って町へやってきたりすることのないよう、町の男たちは総出で彼らのあとを追い、庖丁や棍棒でなぶり殺しに殺した。

译：并且为了不让这些士兵再跟随军队一起入城，镇里的男人们倾巢出动拿着菜刀和棍棒追赶并杀死了他们。

通过例11和例12可以看出，在表示方式的句式中，日语更习惯用「名词＋で」的方式表达，而中文则侧重用动词＋名词的表达方式。因此在将日语翻译为中文的时候，需要在相应的地方加上动词。

（二）联系上下文省略的动词

例13：ここ数十年、戦争のたえまがないのである。さまざまな主張をもつて将軍とその軍隊が平野をよこぎった。亡んだ町の記録はかぞえきれない。

译：数十年来战火连天，各怀政见的将军率领他们的军队横穿平原，有关消亡的城镇的记录不计其数。

例14：町の服屋は子供が塀に星の画を落書きしたのを忘れていたために、広場で処刑された。

译：镇上的服装店老板由于忘记擦拭孩子在墙上留下的星星涂鸦，因此在广场上被处以极刑。

例15：彼は兵士の感傷を恐れることを口実に将校に命令をくだした。

译：他以害怕引起士兵伤感为借口，下令让将校处理。

例16：彼によればこの旅行の唯一の資格は首と胴がつながっていることだけで。

译：据他说，参加这一旅行所需的唯一资格就是身体的健康。

此外，日语的句子结构经常会省略动词，并采用含蓄的表达方式。这种语言结构并不会在特定情况下对阅读产生影响。由于中文句子的基本结构为主谓宾，因此谓语动词在句子中具有至关重要的作用。有时候，句子中只有谓语动词或仅有主谓，也同样可以构成句子。因此，在将句子翻译为中文时，必须添加这些隐含的动词，以避免产生歧义或无法成句的情况，如例16中，如果不使用动词"参加"，那么读者可能会对参与者具体做了什么产生困惑。

（三）共用谓语

例17：人びとは屋台のかげや夕食のテーブルで声ひくく兵士について話しあうだろう。彼らの陽気さ、多血質、おとなの体と子供っぽい衝動。

译：人们大概在摊子的暗处或者在晚饭的餐桌上低声谈论着士兵们吧。讲述关于他们的阳刚、热血、大人的身躯以及孩子气的冲动。

仔细分析例17之后发现两个句子共用了一个谓语动词「話しあう」，在这种情况下，翻译成汉语时，需要在后面一个句子中加上一个谓语动词，使之成句。

四、原文省略部分的加译

从文化和语言表达习惯的角度来看，日语中经常使用省略结构，即省略句子中的成分，甚至可能省略整个句子。这种使用方式常常省略掉前面的内容。为了让中文句子流畅，必须考虑上下文语境，并且在表达时添加原文中省略的部分。

（一）省略状语

例 18：学校は休みになり、私たちは歓声をあげて城壁のうえを走りまわり、父の怒張する背の筋肉の地図に見とれたり、炊き出しをする母の着物にしみる火の匂いをおぼえたりした。

译：<u>修复城墙的这一天</u>，学校放假，我们欢呼着在城墙上面跑来跑去，被父亲贲张的肩背肌肉深深吸引，记住为大伙儿做饭的母亲衣服里的烟火气息。

例 19：絹の帳にしむ茶の匂い、鳥のしたたらす金色のあぶら、中庭の夜をふちどる台所の女たちの合図の声。

译：<u>故事里</u>，有沾染帷幕的茶香，有禽类香脆欲滴的金色油光，还有厨房里女人的声音镶饰了庭院的夜晚。

例 20：幾人かの人びとが集り、私と母は女に粟一袋をやってなかせた。

译：<u>葬礼上</u>聚集了几个人，我和母亲给了一袋谷子让一个女人哭丧。

在上述句子中，如果没有用画线部分中的时间和地点状语来补充，句子就无法完成，因为这些状语对于确定事件的时间和地点至关重要，没有它们的话，句子意思就不完整。

（二）省略主语

在日语中，省略主语是一种非常常见的现象，这凸显了该语言独特的句法特点，也反映了该民族在语言方面的高超技巧。甚至有一些日本学者，如三上章等人，呼吁在日语句法中取消对主语的表述。在日语中，由于语言表达的经济性原则，重复出现的主语会被省略掉，这种省略构成了日语中的主语省略现象。这种省略只有在上下文中已经出现过的主语才会被使用。同日语省略主语的习惯相反，汉语是重视主语的语言，为了让意思更加清晰明确，必须在翻译这些句子时添加主语。

例 21：人家とおなじように大地ととけあって、建築物というよりほんとんど自然物である。

译：和房屋一样，城墙和大地相融，与其说它是建筑物，不如说是自然物。

例 21 是省略了主语，在翻译成中文时，联系上下文，需要添加主语。

第二节　逻辑性加译技巧

逻辑性加译是指为了确保译文表达的逻辑合理性而增加的词语，以避免句子之间、段落之间不连贯的情况。这些词语可以帮助翻译者理清句子成分、句子之间、段落之间的关系。在这一节，本书将探讨指示词的加译和连词的加译，以达到保持原文意思不变的目的。

一、指示词的加译

例1：将軍たちがどんな思想を新兵器といっしょにもちこんでも異をとなえるものはなかった。

译：无论将军们带着怎样的思想和新武器入侵进来，都没有人<u>对此</u>有异议。

例2：ひとりの兵士が服屋の塀にあるひっかき傷とも画ともわからぬマークを発現し、将軍に報告した。

译：有一个士兵在服装店的墙壁上发现了不知道是刮痕还是图画的标志，并将<u>此事</u>上报给了将军。

例3：そのことだけをとると、当時として例外の恩寵であったかもしれない。

译：如果仅以此来看，<u>这</u>可能是当时例外的恩宠。

指示词起到代替其他名词的作用，能够使句子更为简洁明了，避免冗长。在翻译含有复杂的描述性词语的日语句子时，翻译者常常会采用指示词来表达同样的意思，这样可以有效避免出现头重脚轻的问题，并加强句子之间的逻辑关系。例1译文中的"对此"，代指「将軍たちがどんな思想を新兵器といっしょにもちこんでも異をとなえる」这件事，这种指示词的加译可以平衡句子。例2和例3中，画线部分的内容都代指了前句的内容，起到精简句子的作用。

例4：土は肥えて、深く、多毛多産で、毎年疲れることを知らずに穀物や家畜を産むが、骨はどこにあるのか、まったく感ずることができない。

译：这块土地肥沃、深厚、茂盛且多产，每年不知疲倦的生产谷物和家畜，完全不知道其奥秘究竟在哪。

例5：少年時代から青年時代にかけて出会った数知れぬ労働日を私は忘れることができない。

译：我忘不了从少年时代到青年时代的那些无数个劳动的日子。

例6：将軍たさのなかには情熟を制御できる人間がまったくいないわけではなかったが、彼らのたいていは自分にマークにたいしてぬきがたい趣味をもっていた。

译：这些将军中并不是完全没有能够控制这种热情的人，而是他们大部分都对象征自己的标志有着难以剥离的兴趣。

例7：彼らの矢のおそるべき正確さと気まぐれの記憶は忘れることができなかった。

译：我忘不了弓箭令人惊讶的命中率和那些心慌意乱的记忆。

例8：まったく悪い、小さな時代だった。

译：这简直就是恶劣且狭隘的时代。

此外，指示词还具有强调和特定指向的功能。虽然在例4到例8中删除这些指示词并不会影响对句子的理解，但是如果考虑上下文的语境，那么添加这些指示词就可突出重点，强调语气，让句子更加生动鲜明。

例9：町の中心の広場は市場になっていて、城外からくる百姓たちがにわとりや野菜を籠につめて売っている。

译：小镇的中心广场成了集市，这样一来，从城外赶来的老百姓们将家禽和蔬菜装进笼子里进行贩卖。

例10：難民たちはぼろ布をぶちまけたように城外の畑や街道に野宿し、たったり、すわったり、藁をくわえたり、横腹をかいたりして何日もすごしたあげく、とぼとぼとどこかえ消えていった。

译：难民们如散落的破布一般露宿在城外的田间和道路上，或站或坐，或口衔稻草，或挠着肚皮，就这样待了几天之后步履蹒跚的不知消失在何方。

通过加上"这样一来"和"就这样"等词语，可以使例9和例10在不改变意思的情况下，更自然地连接起来，使句子更加顺畅。

二、连词的加译

连词的功能是为了将不同的词、词组或句子之间进行连接，以表达它们之间的逻辑关系。连词可以表达不同的语义关系，包括但不限于列举、续接、转折、因果、选择、假设、比较以及让步。使用适当的连词加译，可以使句子间的关系更加流畅、清晰。

日语语法本身具备表达逻辑关系的能力，但在翻译时需要使用连词，以使句子更加连贯、有条理。以下例句，都是通过理解上下文并分析句子之间关系，利用这些连词来连接句子。

例11：城壁にかこまれてはいるが、町は、それ自身、ひとつの黄土の隆起にすぎなかった。どれほどにぎやかな町の中心部にたっもこのことは感じられた。

译：<u>无论</u>身处于多么热闹的镇中心，都会有这样的一种感受：虽然被城墙包围着，但是小镇自身只不过是一杯隆起的黄土。

例12：人びとは壁の中で生まれ、壁のために生きた。

译：人人都生于城墙之中，<u>也</u>都为城墙而活。

例13：夕方になって青い川のような夜がしのびょってくる頃になると、私たちは高くなった城壁を見とどけて満足し、道具をかついで家に帰った。

译：傍晚之后如清流般的夜晚悄然而至，我们眺望着高高的城墙，满足之感油然而生，<u>然后</u>便担着工具回家。

例14：私たちは彼らをけっして無視しなかった。むしろ、穀物や酒や家畜などを盗むに任せて歓待してやったといってもよいくらいである。

译：<u>但是</u>我们绝对没有无视他们，可以说反而是任由其掠夺五谷杂粮、酒水家畜，热情地招待了他们。

例15：彼が死んでも私はとくにうごかされるものを感ずることができなかった。それはよちよち歩きのころから出会った無数の死のひとつにすぎなかった。

译：即使父亲死去，我也没有觉得特别触动，<u>因为</u>这只不过是从蹒跚学步开始遇到的无数死亡案例中的一个而已。

在例11的翻译中，为了表达两个句子之间的让步关系，将原文中的两个句子合并为一个句子。结合例句可知，在翻译中加入了连词"……都……"，是因为我早已经预料到了这个结局，因此我并没有太过悲痛。

类似于例11，例15涉及将两个或多个句子进行合并翻译。在这一过程中，必须仔细地审视句子之间的逻辑联系。例15原文是两个句子，译文将其处理成一个句子，这时候需要厘清句子之间的关系，通过分析我们知道父亲的死之所以没有对我造成特别的触动，是因为「それはよちよち歩きのころから出会った無数の死のひとつにすぎなかった」这一原因，因此在进行合译的时候，就加上了"因为"这一表示原因的连词。

例12中增添了"也"这个连词，表示两个事物的并列关系。在例15的翻译中，使用了连贯自然的连词，以确保动作的连续性和流畅性。在例14中，加入了"但是"这一词语来表示前后句子之间的转折关系，因为前面的句子提到了"士兵"的"暴行"，但是后面句子却强调这些行为"不能"被"忽视"。

总的来说，进行"合译"时常常会使用连接词来说明句子之间的关系。此外，为了使文句更加连贯自然、逻辑更加明晰，在句子内部和承接上下文时，会运用各种连词。

第三节　说明性加译技巧

有时候在将日语翻译成中文的过程中，直接翻译可能无法完全表达原文所包含的所有信息。这需要通过在一些短语或句子中添加词语或句子，对其进行阐释，使其更加清晰明了，而不改变它们的原本含义，这被称为说明性加译。

例1：役人が歩き、職人が道具の音をたて、女たちは野菜の匂いのなかで笑ったり、叫んだりしている。

译：在市集上，有官员在走动，街头艺人敲锣打鼓吸引群众，在蔬菜的香酸中，女人或笑或吆喝叫卖。

例2：祖父の頃、刃は肉は切るだけだったが、父の時代になると骨を切られた死体が散乱した。

译：在祖父生活的那个年代，刀仅仅是用来切肉的，而到了父亲那个年代，遍地都是被砍死的尸体。

例3：士気沮喪からか、戦略上の必要からか、虎が畑のむこうにあらわれたのを見るや否や彼らは私たちに城門をあけさせてしまった。

译：不知是否因为士气低下、战略上的需要，一看见田地的对面出现了<u>悬挂老虎旗帜的军队</u>，他们就让我们打开城门，弃城逃跑了。

例4：彼らはあさるものがないとわかると、失望して、気まぐれに避難民を殴ったり、殺したりして、ひきあげた。

译：在知道<u>从</u>难民那得不到好处后，士兵们大失所望，暴躁地殴打并杀害了难民们就回来了。

例5：彼は一週の半分を小商人として送り、あとの半分を城外の畑で百姓仕事をしてすごした。

译：他一周有一半的时间作为小商人<u>经营店铺</u>，剩下的一半时间就在城外做农活。

例6：彼は子供の私にむかっても、しばしば、その、首と胴がぶじにつながって死後の旅行をする楽しみについてしゃた。

译：他也经常对<u>当时还是孩子</u>的我形容用完整的身躯去进行死后旅行的那种乐趣。

例1进一步阐述了"吸引群众"和"叫卖"的目的，即吸引民众和叫卖，以便更好地推销产品或服务。例2添加的"生活的那个年代"是解释说明"頃"。例3添加了画线的部分，是对"虎"的说明，这里出现的"虎"可不是真正的老虎，而是旗帜上的老虎图腾，如果不进行解释，读者会误解例3中所说的"虎"是指真正的老虎，然而它实际上是作为旗帜上的老虎图腾而使用的，因此，加上划线部分的解释非常必要，否则句子的意思会被改变。例4和例5所述一样，"经营店铺"描绘了"小商贩"的状况。而在例6中，画线的部分则更详细地描述了"我"的情况。

第四节　修饰性加译技巧

修饰性加译是一种增加词汇色彩的加译方法，它对译文中的某些词汇进行适当的修饰，以便更好地传达原文的含义。当然，修饰性加译不能扭曲作者原意。修饰语的加入应该具有审美效果，并且要适度斟酌，否则，修饰语将不会再起到加强句子的作用，反而会给句子增加负担。在汉语翻译中，值得特别关注的是，修饰常常使用偏正短语或述补短语的形式表达，即由修饰语或限制语和中心语两部分组成的偏正短语，用来表达修饰或限制的关系。

通常情况下，修饰语位于中心语之前，可以使用补语来进一步描述中心语的状态、程度等。补语包括形容词、动词、副词等成分，常常与中心语相互补充构成一个完整的句子。补短语可以更加准确地表达补充关系。本节将从四个角度探讨修饰性加译的应用情况，并以例子加以说明。

（一）表示程度

例 7：あたりのゆるやかな丘の頂点にたつと指を輪にまるめたなかへすっぽり入ってしまうほど、それは小さかった。

译：站在周围缓缓的山丘顶上，<u>将手虚拢成圆</u>，就能将其尽收眼底，小镇就是如此狭小。

例 7 中「ほど」前面的部分，是对「小さかった」的一种程度上的说明，在翻译成中文时，可以不加画线部分，也能够成句，但是在原句中其实是特意强调了一下小的程度，特意在「ほど」和「小さかった」之间用了顿号并加上了「それは」，在翻译成中文时，需要考虑这一层面，因为在表示程度时，通常会使用副词"很""非常""如此"等来修饰形容词，构成偏正结构来表示程度。因此才在"狭小"前面加上了"如此"这一程度副词，既强调了小镇之小，也凸显了「ほど」前面的部分。

（二）表示变化

例 8：背骨のこころよいきしみにうめいてあいまいにつぶやくとき、私たちはキラキラかがやく川となって壁にしみて窓から流れだし、香ばしい藁の匂いにみちた広大な瞬間のなかで町はとけた。

译：躺在床上发出呻吟、含糊嘟哝的时候，我们<u>仿佛</u>变成了闪闪发光的河流，渗进墙壁，自窗户中流泻出来，在充斥中麦草香气的广大瞬间，小镇也消融了。

原句的结构是「……は……となる」，这是日语表达变化的一个句式，意思是は之前的变成は之后的。在中文句子中，动词表示变化时，常带有修饰成分，构成偏正短语。尽管原句中的"我们"没有真的变成了"闪闪发光的河流"，但是它具有隐喻意义。因此，在中文翻译中，翻译者应该使用"仿佛"这个副词来表示比喻，并将其放在动词前面，以构成一个修饰性的偏正结构。

（三）含有状态性质的动词

例9：彼らは泥酔して仕事場のあたりを歩き回り、私たちが征服されてから壁を固めていることをさして口々にわった。

译：他们喝得酩酊大醉在工地周围转悠，征服我们之后，又异口同声地嘲笑加固城墙一事。

上述例句中「泥酔」是自サ动词，表示酩酊大醉，可以形容人的酒后状态，在这种情形下，中文通常使用述补结构来表达动作带来的效果和状态。"酩酊大醉"是喝酒的结果，表示喝酒后过度醉酒的状态。而"喝"是指采取了喝酒这种行为或方式。

（四）对于原文省略的对象的详细描述

在日语的表达中，通常会尽可能地避免在下文中对已经提及的事物进行重复说明；然而，在中文表达中，为了确保清晰明确，翻译者需要将原文中未详细说明的对象进行详细描述。

例10：そういうことは一度もなかったが、もし高粱畑のかなたの旗が赤か白かわからなければ、さっそく私たちは二本の旗を用意して、いざとなればどちらでもだせるように背にかくしながら城門のところへ歓迎の列をつくって軍隊の到着を待ったにちがいないと思う。

译：虽然这样的情况从来没有发生过，但是如果不知道从高粱地那边出现的军队悬挂的到底是红旗还是白旗，为防紧急情况发生，我们会马上准备两面不同颜色的旗帜，并藏于身后，在城门处列队等待军队的到来。

尽管文中仅提到了"旗"的数量，但是由上下文可知，旗帜的颜色也是限定因素之一。为了更详细地描述对象，翻译者可以使用偏正结构来加以说明不同颜色的"旗"。

对于文学作品来说，除了传达信息的要求外，还需要具有优美、生动的语言风格，因此需要在适当的时候进行适量的补充。

第七章　日语翻译中的影响因素

一个民族的文化包括其宗教信仰、意识形态、价值观、思维方式和社会习俗等，一个民族的语言就是在这种氛围中所产生并发展起来的，因此，我们的翻译必须要能够融入语言的文化，从文化的宏观背景下去翻译语言，这种翻译才能真正达到语言之间沟通、交流的中介作用。本章为日语翻译中的影响因素，主要从以下三个方面进行阐述：现场口译的影响因素、词汇在日语翻译中的影响、语法在日语翻译中的影响。

第一节　现场口译的影响因素

现场口译作为一项极具挑战性的工作，需要商务陪同口译、大会交传和大会同传等多种形式的支持，其具有即时性、不可预测性、场合严肃性和主体复杂性等特点，现场口译对翻译者的要求与一般笔译翻译者有所不同。由于现场口译具有一系列独特的特点，因此在从事现场口译过程中，翻译者难免会面临许多与笔译工作不同的挑战，特别是在心理承受的压力方面，这对翻译者来说是极大的考验。

对于翻译者而言，现场口译所面临的首要挑战在于严肃的现场氛围，这可能会给自身带来巨大的心理压力，同时也对翻译者自身的心理素质作出了巨大的考验。在同声传译和交替传译中，翻译者都会承担一定的压力，但相较而言，交替传译更容易产生紧张心理。具体来说，由于同声传译在包厢内进行翻译，无需直接面对观众，因此作为幕后英雄，心理压力的问题或许相对小一些。而在进行交替传译时，翻译者需要直面现场，这不可避免地会给他们带来一定的心理负担。通常情况下，商务陪同口译的规模在 10 到 20 人之间，翻译者面临的压力问题可能相对小一些；但如果是一场规模庞大的现场新闻发布会，服务的对象是来自电视台的记者，甚至是来自世界各地的高层领导人，那么显然翻译者面临的压力问题就会变得更大。

尽管有些翻译者天生具有强烈的表演欲望，随着人数的增加，他们的工作热情也会逐渐火热，但在这种情况下，大多数翻译者仍然会感到紧张不安。在这样的情境下，即使是那些经过专业培训的高质量翻译者，也可能会感到极度的紧张，无法继续从事翻译工作，最终翻译工作只能由经验丰富、老练的翻译者代为进行。

当然不是这样的，如果追求第一次参加口译工作就能尽善尽美的话，那么能够胜任的人就会大大减少。所以在实际工作中，要想做好口译工作必须先解决压力问题，应该找方法来缓解和消除这种心理压力。以在我国外交部从事翻译工作的翻译者来看，他们在翻译过程中也会常常感到紧张不安，觉得难以胜任翻译工作，但由于他们找到了一套行之有效的对策，成功克服了这一问题，最终成为杰出的翻译人才。这表明，心理压力并非口译工作中的"不治之症"，关键在于能否找到克服心理压力的方法。

为何在紧张过度的情况下，现场口译任务无法被翻译者圆满完成？这是因为翻译者过度紧张会使其身体处于一种应激状态。当人处于过度紧张的状态时，血液循环系统的工作会受到阻碍，无法将适量的血液输送至大脑，导致大脑遭受严重缺氧，进而影响反应速度、记忆力和语言功能，甚至可能导致智商的暂时下降。另外，人在极端状态下还会产生强烈的应激反应，如心跳加快、呼吸急促等。据一项调查显示，当攀登珠穆朗玛峰的运动员登上山顶时，由于气压较低，他们的血液循环受阻，无法及时输送至大脑，导致大脑缺氧严重，智商骤减。山下的工作人员通过无线电向他们询问"一加一等于几"，但他们需要花费半天时间思考，甚至可能回答错误。由此可以想象一位翻译者在高压环境下所面临的挑战。现场口译本身就是一项考验智慧和耐力的工作，在过度紧张的情况下，翻译者可能无法胜任这份工作。既然问题的根源在于紧张，那么如何才能化解这种情绪的困扰呢？本书认为首先要从生理入手，即通过了解一些基本的生理知识来解决心理问题。研究显示，大脑中的"快乐"成分对人体来说非常重要，当人处于愉悦和兴奋的状态时，人体内会释放一种名为苯多氨酚的化学物质，这种物质能够促进身体血液循环系统的循环，高效地将血液输送至包括大脑在内的各个部位。因此，在进行现场口译之前，翻译者可以采用一种独特的方法，即先放松身心，回忆过去所经历的欢乐、有趣或激动人心的事情，这样可以适度地缓解紧张情绪。

当然，这种方法并不一定适用于所有人，因为许多人由于紧张心理，会造成其无法回忆起令人愉悦的瞬间。另外，现场口译也会使翻译者由于紧张而失去耐心和专注力，最终影响翻译质量。因此，针对现场口译，教育工作者必须深入探究导致紧张情绪的根源，以便有针对性地制定解决方案。本书旨在通过分析口译现场出现的紧张因素，来帮助教育工作者及翻译人员找到应对的策略。通常情况下，导致口译时紧张的因素主要有三个方面：心态不稳定、角色定位存在问题、信心不足。

第一，心态不稳定。其实，如果翻译者能够把工作当做一门艺术，那么也会感到无比轻松与快乐。中国的翻译者在成长过程中，由于接受了严格的应试教育，他们很容易将任何工作都视为一种考试，这无形中给他们带来了巨大的心理压力。所以，本书认为，作为一名优秀的翻译工作者首先应该具备良好的心理素质。想象一下，如果将现场口译视为一场考试，那么台下的听众就会被视为一个庞大而严肃的考官群体，这种情况实在是令人胆寒。因此，如果一个翻译者不能很好地处理现场情况，那他的口译水平肯定不会高。中国人历来注重面子，特别是在大型场合下。但是，这种心态会让翻译者心有余悸，无法自由发挥，进而影响口译工作的正常进行。

实际上，中国学生尤其注重自尊心，而对于外国学生而言，他们并不抱有这种想法，因此他们内心平静，进而在翻译的过程中能够高度专注，表现出色。如果翻译者能把精力放在听讲话人谈什么内容和如何谈中，那么他就可以做到口齿清晰，表达准确。在进行现场口译时，中国的翻译者常常会目睹或听到听众窃窃私语，似乎在谈论翻译者哪里犯错，哪里不行，实际上这只是一种心理作用，但即使是事实，翻译者也不应将注意力分散在无关信息上，而应全神贯注地聆听讲话人的讲话内容。因此，对于翻译者而言，必须以一种平静的心态面对，既不应将口译视为一项考试，也不应关注翻译以外的干扰因素，只需专注于工作本身即可。

第二，角色定位存在问题。具体来说，就是探讨如何确定现场口译中的所有参与者（包括翻译者本人）的角色，并妥善处理他们之间的相互关系。通常情况下，现场口译工作的主要角色包括翻译者、演讲者和听众。对于翻译者来说，重要的是不能将自己的角色定位为考试的学生，而是作为一个协调者的角色。翻译者在沟通过程中扮演着桥梁的重要作用，能够帮助讲者和听者实现互通有无。没有翻译者的协助，双方就无法接近沟通的目标，实现共同合作。因此，翻译者的工作是十分重要且具有神圣的使命。

翻译者应将演讲者视为合作伙伴，强化合作理念，而非对手或考官。通常，演讲者最关心的是能否与听众实现有效交流，因此他们会尽力协助翻译者更好地完成口译任务。例如，一些演讲者会在会议开始之前与翻译者积极交流，向他们详细介绍会议的议程和主要内容，以协助翻译者更好地理解会议主题，并帮助他们更顺利地完成口译工作。有时候当演讲者过于投入，语速过快或讲得过于冗长时，作为翻译者的搭档也需要适应演讲者。翻译者可以委婉地向演讲者提出建议，要求适度减缓语速或增加停顿，以提高翻译的质量。即使提示之后演讲者仍是如此，翻译者也不必再打断，因为口译不仅要传递信息，还要让信息能被听众理解，因此翻译者可以简化内容，仅传递主要信息即可。

此外，翻译者往往视听众为自己的监管者或评审者。实际上，翻译者和听众之间并不是对立的关系，因为听众通常只是被动地接收翻译者传递的信息和内容，而不会过于关注翻译者的表达方式。因此，翻译者不必过多关注听众的面部表情。如果在翻译过程中遇到一些专业词汇，可能会导致听众不理解，在这种情况下，翻译者应该在合适的时机给予必要的补充和解释，以确保交流顺畅进行。有时，听众和翻译者之间可能会出现对抗情形，在某些情况下，听众可能会乐于指出翻译者的一些轻微错误。作为翻译者，必须保持高尚的情操，不要跟听众争辩不必要的细节问题。当犯了小错误时，应该礼貌地道歉，并专注于工作，不要为了面子问题而纠缠于此。

第三，信心不足。对于刚进入口译行业的见习翻译而言，这一问题尤为明显。许多见习翻译都觉得自己缺乏口译经验，没有自信心，导致他们认为自己无法胜任此项工作。即便是一位有丰富经验的翻译，其在某些领域可能仍存在不熟悉和经验不足的情况。比如说，虽然该翻译已经有了在管理学、经济学、文学方面的口译经验，但若需要处理涉及化学领域的口译工作，仍然是一项富有挑战性的任务，难度不可轻视。口译工作所需掌握的知识面广泛无限，任何人都无法彻底掌握，因此从事口译工作是一个永无止境的学习过程。作为一名见习翻译，需要建立足够的自信，迎接口译工作的挑战。如果翻译者认为自己的经验不足，可以通过充分的准备工作来补足不足之处。翻译者可以在会前广泛收集相关资料和文献，并与主讲人进行近距离交流，同时熟悉会场环境，这有助于提高自身口译表现水准，以及保证翻译质量水平。

第二节　词汇在日语翻译中的影响

一、中日同形词汇的误译

在翻译一种语言到另一种语言的过程中，翻译者常常会遇到无法找到对应词的情况，这使得简单的字词具有的一一对应关系变得复杂。

翻译是一项极具挑战性的任务，即便是中日互译也同样如此。因为要想把一个句子翻译成另一个句子，必须经过反复修改才能达到目的。在另一种语言体系中，翻译实际上是对原语所蕴含的思想和概念进行再创作的过程。在这个过程中，翻译者需要考虑两种文化之间的差异，从而使译文更加符合原文表达的意思。在翻译过程中，词汇选择并非简单地为汉语中的单词寻找日语对应的说法，而是需要从词汇的角度进行深入剖析和阐述。

许多单词在现代汉语和日语中都被广泛使用，其中一些单词可能在写法上看起来相同或相似，但它们的语源有些来自汉语，有些则来自日语。随着两国间互动的不断加强，新词汇的引入已成为时代发展的必然趋势。在将词汇引入过程中，一些词汇的原意发生了巨大变化。比如，"勉强"一词在汉语中表示"能力不足但被迫去做某事"，或者"强行要求别人去做某事"，但在日语中，它的意义已经演变成"学习"。如果在翻译时没有注意到这两者之间的细微差别，就有可能出现翻译错误。

汉语和日语在写法上相同或相似的词语，常见的就不下千对，我们将这些词称之为中日同形词，主要分为三类：（1）词义、用法相同的同形词；（2）词义相同但用法不同的同形词；（3）词义、用法部分相似的同形词。这些词汇对于学习汉语和日语的人来说十分重要，可以帮助翻译者更快更好地掌握两种语言。

(一)词义、用法相同的同形词

这种词形相同但意义不同的单词,在翻译成日语时简单地直接使用,有时不可行。比如,"大尺寸""巨大的规模",这些都是可以代替"大型"的词汇,它们的意思无论是从语义还是语感上都较为相似。汉语中的"大型机械""大型计算机"这类的词翻译成日语可以直接说「大型機械」「大型計算機」,这样用的时候并没有什么问题。但是下面这个例子:汉语"大型文艺晚会"中的"大型"翻译成日语却是「盛大」,而并不是直接用"大型"这个词。这说明了即使是有相同含义和用法的同义词,在翻译成日语时有时也不能直接采用。汉语中的"瓜"这个词,是西瓜、黄瓜、苦瓜、木瓜之类各种瓜的总称,属于上位概念。但是在日语中可以表示上位概念的「瓜」,同时也可以表示具体特定意义的瓜(表7-2-1、表7-2-2)。

表 7-2-1 汉语中的"瓜"

上位概念	瓜				
下位概念	黄瓜	西瓜	苦瓜	木瓜

表 7-2-2 日本语中的"瓜"

上位概念	瓜(類)			
下位概念	瓜	西瓜	胡瓜	苦瓜

与汉语中明确区分上、下位概念不同,日语中有时倾向于使用一个词既能够表达下位概念,又能够表达上位概念。翻译者在进行翻译时,需要特别关注这一点。

(二)词义、用法完全不同的同形词

即使字形相似,但其所表达的含义却截然不同。词语的意思完全不同,翻译成另一种语言当然也是不同的。例如,虽然在汉语和日语中都广泛使用"经理"一词,但是其在两种语言中的含义却存在明显的差异。

例1:出張の費用は経理課で請求する。

出差的费用在经理那儿报销。(×)

出差费在财务科报销。(√)

显而易见,经理和财务科是截然不同的概念。尽管这位经理管理财务科,但他不应亲自处理差旅费的发放工作。如果不仔细考虑上下文语境,翻译过程中就很容易发生误译。也就是,因为一方客户信息介绍错误,导致工作地点混乱,最终产生了极为严重的问题。汉语中"经理"一般指负责企业经营管理的人。

例2:彼はこの会社の経理課に勤めいています。

他在这家公司的经理组上班。(×)

他在这家公司的财务科工作。(√)

(三)词义、用法部分相似的同形词

这类词可以进一步分为三类。

第一类:有一部分词义和用法相似,但有其他部分没有对应的词汇。比如"意见"这个词,中日语中都有"见解、主张"的意思,这样的情况下就可以直译。

例3:君の意見はどうだ。

你的意见怎样?

例4:ちょっと意見を交換しよう。

让我们来交换下意见。

但是,日本中的「意見」有表示动词的"劝、劝告、规劝"的意思。这是汉语中的"意见"所没有的。

例5:これから勉強するようにと、父親は息子に意見した。

从现在开始好好学习,这是父亲提出的意见。(×)

父亲规劝儿子今后要好好读书。(√)

与此相反,汉语中的"意见"除了日语中的"意见"所具有的意思之外,还表示一个人对某人或某事持有不满意见的看法。在这种情形下,不得不放弃直接翻译成日语的方法。

例6;人家对你的意见可大了。

みんな君にひどく意見なんだ。(×)

みんな君にひどく不満なんだ。(√)

例7:他老爱给别人提意见。

彼は人の意見ばかり言っている。(×)

彼は人の文句ばかり言っている。(√)

由于一些词汇的意思和用法相似,翻译人员有时候可能会忽略它们之间的细微差别,因此,直接使用同形词会造成误译。

第二类:日语与汉语相似,但在用法和词义方面汉语更为广泛的一类词汇。例如,"紧张"在汉日语中都有"精神处于极度兴奋不安的状态或形势激烈或紧迫"的意思。

例8:選手たちは大事な試合を当面に緊張している。

运动员们在重要比赛前非常紧张。

例9:国際間の緊張緩和は当面の急務である。

缓和国际紧张局势是当务之急。

但是,汉语中的"紧张"还有"经济拮据,供应不足"的意思。

例10:这场比赛的门票很紧张。

この試合の入場券は緊張。(×)

この試合の入場券はなかなか手に入らない。(√)

例11:住房紧张是我们面临的一个大问题。

住宅緊張は私たちが直面する大きな問題である。(×)

住宅不足は私たちが直面する大きな問題である。(√)

如果不将"紧张"这个词单独提出来作为例子,许多人可能不会意识到,"紧张"在不同的句子中翻译成日语时需要使用不同的词汇。其实,有许多类似的词汇可以仔细地储存或收集。

第三类:包含部分相似词义和用法,但日语中的含义更加广泛的词汇。例如,可以用"不合理""缺乏理性""毫无道理""不合情理"等说法替换"无理"。在中日文中,都存在表示"缺乏合理性"的意思。

例12:那也太无理了。

それはあまりにも無理というものだ。

例13:他居然提出如此无理的要求。

あの人はこんな無理な要求を出すなんて。

但在日语中,「無理」还有"难以办成,办不到,勉强"的意思。

例14:これは王さんに無理な仕事です。

这份工作给小王做是没有道理的。(×)

这个工作小王是难以胜任的。（√）

例15：このお天気に、子供に家にいろというのは無理だ。

这么好的天气，让孩子待在家里简直没有道理嘛。（×）

这么好的天气，让孩子待在家里是很难的。（√）

例16：お客に酒を無理に勧めないほうがよい。

不要劝客人喝没有意义的酒。（×）

不要硬劝客人喝酒。（√）

例16里面的「無理」有"强行、硬逼"的意思，但汉语中却没有。

总的来说，中日同形词的形态虽相似，但它们的含义和用法存在一些差别，在翻译过程中，翻译者必须避免因为选择错误的词汇而产生误解。

二、中国特色词汇的误译

在日语中，一些独特的汉字词汇很难恰当地表达。很多具有中国特色的词汇，如"吃喝风、妻管严"等，屡见不鲜。当遇到这种词汇时，直接使用日语中的汉语词汇进行直译会很棘手，也会给翻译者带来很大的困扰。在这种情况下，翻译者需要使用同义词或类似词，并可能需要添加注释来确保意思不发生改变。

例17：吃喝风——吃喝風潮（×）

——公金飲食風潮（√）

"吃喝风"这个词只有在中国才有，其他国家的人很难通过字面意思推断出它的含义，因此理解起来较为困难。其他国家的人可能会以为：在中国，"吃喝"是一种时尚潮流，但实际上这个词背后隐藏的其实是另一种意思。

例18：妻管严——妻の管理厳しいです（×）

——恐妻家（√）

"妻管严"的发音和"气管炎"类似，最初的意思是指丈夫在家里害怕妻子，不敢大声说话，好像得了气管炎一样。这个词汇后来逐渐演变成了现在的"妻管严"，并在日语中有一个对应的词汇。

例19：两个文明——二つの文明（×）

——二つの文明。精神文明と物質文明（√）

"二つの文明"其实没有错，在政府报告中常会用到类似的词汇，因此翻译人员需要进行简单的解释,以确保听众能够更好地理解发言者的意思。

例 20：一国两制——一国二制度（中国の国策）

和谐社会——調和の取れた社会/和やかな社会

改革开放——改革開放（中国の国策）

三个代表——三つの代表（江沢民主席球は話題にします）

可持续发展——持続可能な発展/開発

西部大开发——西部大開発（中国の西北の地区の教育、経済、環境の改革開放と現代化建設）

为了更好地让听众了解中国的情况,翻译中国特有的词汇时最好附加简单的注释,这种解释需要翻译者具备积累词汇的能力。当遇到特殊术语或独特的语言表达时,翻译者在进行翻译时可能需要通过意译的方式,以表达出隐含的意思,而不是仅仅直译词汇。

三、汉语中专有名词的误译

专有名词包括个人姓名、地理名称、建筑物名称、公司名称等。将中国的专有名词译为日语时,一般使用音读方法。在汉字写法相同的情况下,应该使用日语中对应的汉字音发音方法（表 7-2-3、表 7-2-4、表 7-2-5、表 7-2-6）。

表 7-2-3　中国地名及日译

中国语	日本语
广州	広州（こうしゅう）
黑龙江	黑龍江（こくりゅうこう）
甘肃	甘肅（かんしゅく）

表 7-2-4　中国人名及日译

中国语	日本语
老舍	老舍（ろうしゃ）
周恩来	周恩来（しゅうおんらい）
鲁迅	魯迅（ろじん）

表 7-2-5 中国建筑名及日译

中国语	日本语
天安门	天安門（てんあんもん）
长城	万里の長城（ばんりのちょうじょう）
鸟巢	鳥の巣（とりのす）

表 7-2-6 中国公司名及日译

中国语	日本语
双杨科技	モバイルアクション技術会社（モバイルアクションぎじゅつがいしゃ）
杭州梅清数码科技有限公司	杭州梅清デジタル科学技術有限会社（こうしゅううめきよデジタルかがくゅうげんがいしゃ）
东软信息股份有限公司	東軟情報株式会社（とうなんじょうほうかぶしきがいしゃ）

将专有名词翻译成另一种语言是比较棘手的任务，特别是涉及外国的人名和地名。翻译者不仅需要注重积累词汇，还需要利用相关工具书来确保翻译的准确性。除此之外，有些生词在工具书中未必能够查到，但可以利用网络资源进行检索（表 7-2-7、表 7-2-8）。

表 7-2-7 外国地名及日译

中国语	日本语
西雅图	シアトル
新奥尔良	ニューオーリンズ
纽约	ニューヨーク
新泽西州	ニュージャージー州

表 7-2-8 外国人名及日译

中国语	日本语
莫扎特	モーツアルト
贝多芬	ベートーベン
柴可夫斯基	チャイコフスキー
莫泊桑	モーパッサン

总体而言，在翻译日语的过程中，由于词汇的局限性，翻译者可能会出现误译的情况，尤其是集中表现在以下三个方面。首先，这要归因于中日存在形状相同的单词（同形词）。翻译者应特别留意，使用错误的词汇不仅可能会使文意产生微妙不同，而且也可能会对整体意思产生巨大影响。因此，翻译者必须十分谨

慎地选择合适的词汇。另外，还存在将中国特有的词汇翻译不当的情况，在译成日语时，翻译者不需要注意逐字逐句的翻译，而是要精准传达所隐含的信息，这样才能让听众听懂，讲话者也能准确表达自己的意思。在翻译过程中，翻译者很容易发生将专有名词和固有名词译错的情况。在这个部分，翻译者需要借助表格的形式来精确地翻译国内外的人名、地名等。这些约定俗成的内容需要翻译者牢记于心。

从上述示例中我们可以得出结论，翻译者在翻译时可能出现误译的问题，与翻译者自身掌握的词汇量有一定的关联。当翻译者掌握更多的词汇时，就可以降低出现误译的可能性。

第三节　语法在日语翻译中的影响

一、中式日语

中式日语使用一种独特的表达方式，口语习惯和语调与中国人的习惯完全一致。中式日语并非一定存在语法错误，但在语法用法上并未体现出"正宗味道"。中式日语用法较为常见，其对表达清晰度的影响并不大。现今，翻译者需具备精准翻译的能力，以及信、达、雅此三方面的表达技巧，并且必须高超地运用地道的日语。

尽管日语口译和笔译有着不同的专业领域，但它们在许多方面都有相似之处，如在翻译过程中常常会出现相似的错误，其中中式日语就是一个常见的错误表现。当翻译者阅读中文时，由于习惯了中国人的思维方式，就很容易按照自己的理解直接翻译成日语。然而，这种翻译方式虽然能够传达大意，但在日本人看来却不太自然。

例1：今天天气真好啊。

今日は天気がいいですね。（？）

今日はいいお天気ですね。（√）

第一句翻译单词、语法都没有错误，第二句是日本人说出来的日语。中国

人很难理解日本人说话的方式,如果将这两句日语作为被翻译的对象,「今日は天気がいいですね。」直接译成"今天天气真好啊"。反倒「今日はいいお天気ですね。」会被翻译成"今天是好天气"。可这就是日本人表达"今天天气真好啊"。的最地道的说法。这应该算是语言表述习惯差异造成的。

例2:厕所在哪儿?

トイレはどこですか?(?)

トイレに行きたいですが……(√)

中国人听到日本人说「トイレに行きたいですが……」会很自然将它翻译成"我想去厕所""那就去呗",很多中国人会这样想。实际上在此句后面省略了「どこですか?」"我想上厕所,但是不知道在哪儿"。对于中国人来说,很难理解日本人说话的方式,因为他们经常只说一半,至于后面想说什么只能靠猜测。如果翻译者对日本文化不够了解,后半句的内容理解起来就会略显困难。因此,翻译者在翻译中要特别注意这种日本人特有的语言表达方式。

要掌握地道的日语,翻译者就需要多听多记,之所以这样说,是因为听和说是学习日语最重要的部分,只有通过不断地听和记,才可以逐渐建立语感和理解能力,从而更好地掌握语言。

例1和例2突出了"多听多记"的重要性,强调学习日语需要不断的实践和训练。此外,日语中一些惯用语也是必备的,需要逐渐适应日本人的思维模式。只有掌握足够的知识和表达方式,才能更好地说出地道的日语。

二、日语敬语的误译

中国人很难掌握日语中多种多样的敬语,因为汉语中的敬语形式相对较少,所以在翻译过程中翻译者常常会出现错误。在日本文化中,使用错误的敬语是被视为极为失礼的行为。这意味着在翻译敬语时,翻译者必须十分谨慎。

在日语中,敬语的种类可以分为三种:尊敬语、谦虚语和郑重语(即严肃场合的表达语言)。敬语说起来很简单,但是记住通常很困难,因为其没有明显的模式可供遵循,只能一个个地记忆。例如,「います」「行きます」「来ます」,它们的尊敬形都是「いらっしゃいます、おいでになります」;「くれます」只有尊敬形「くださいます」,没有谦让语;「もらいます」没有尊敬形,只有谦让语「いただきます」。随着学习的增多，经常会出现用词混淆的情况。

例3：おっしゃられる（×）

这种用法虽然读起来流畅，但实际上是不正确的。「おっしゃる」是「言う」的敬语，「れる、られる」也表达尊敬的意思，前半段是尊敬，后面也是尊敬，这就是老师讲的"重复尊敬"。在使用时，说「おっしゃる」就可以了。对于语法能力不强的人而言，其经常会犯"重复尊敬"的错误。

例4：お書きになられる（×）

「お……になる」是一种敬语语法，后面又加上「れる」的敬语，重复。应该是「お書きになる」或書「かれる」。

例5：お召し上がりください（×）

这个例子是两个敬语「召し上がる」「お……ください」合在一起了。这样说也可以，不过通常用「召し上がってください」即可。

例6：いい状態が続きしたですね（×）

いい状態が続きしたね（√）

例7：……でございますです（×）

……でございます（√）

「ます」和「です」没有同时放在一句话里结句的，但是这两个例子都出自电视节目，虽然在口语交流中这么说可以更表达说话人的礼貌和好意，但在语法上，这种表达是不正确的。

三、日语助词、句型等的误译

虽然日语入门较为简单，但要精通日语，其难点就在于复杂的语法结构。由于日语的语法规则复杂、烦琐且相似，因此翻译工作面临着极大的挑战。每个翻译者都应该掌握如何选择恰当的词汇和句式，以使翻译结果更具准确性、清晰度和优雅性，符合"信、达、雅"的标准。

在讲解日语语法的书籍中，助词通常被放置在句子的开头部分，而且老师也会特别强调这些助词在日语语法中的重要性。中文的语法结构常为"主谓宾"，日语则为"主宾谓"，两者并不完全相同。助词与句子中其他成分的语法关系并不存在联系。

例8：中文：我（人称代词）吃（动词）饭（名词）。

日语：私（人称代词）は（助词）ご（接头词）飯（名词）を（助词）食べる（动词）。

中文的助词数量有限，如：他们走的走、逃的逃；书啊本的你都准备好；墙上挂着一幅画；我没迟到过一回……日语的助词在句中起着相当重要的作用，如：たいこの音がします；ちょっとの暇もない；橋を渡る；友達と会う；山頂へ達する……中文里的某些动词，在日语里都用助词代替，如：九時から（开始）五時まで（结束）；電車で（乘坐）会社へ行きます；中国は日本より（比较）広いです……

在进行翻译时，翻译者需要特别注意助词的用法，因为日语的助词可以对句子的意义产生重要影响，甚至改变其本意。

例9：私はご飯を食べました。

私もご飯を食べました。

一个是"は"，一个是"も"，其他成分一样。表达的意思就大不一样，"我吃饭了。""我也吃饭了。"日语助词放的位置不同，表达的意义也会发生变化。

例10：我也吃饭了。

私はご飯も食べました。（除了饭，还吃了别的东西。）

私もご飯を食べました。（不仅是我，别人也吃了。）

「なんか」和「なんて」是一对比较难缠的"兄弟"，这两个词都带有贬低和轻视的情感色彩，但当用于描述自己时，则带有谦虚和自谦的意味。此外，这两个词虽然有相似之处，但在使用上有明显的不同，需要特别注意。首先，前接名词的时候二者均可使用，但若接在动词、形容词后，则不能用「なんか」，只能用「なんて」；其次，「なんか」后面可以接「が、を、に、で、と、へ」之类的助词，而「なんて」则没有这种用法；最后，「なんて」有「なんて＋名词」的用法，相当于「というろ」，「なんか」则没有这一用法。关于这一对复杂"兄弟"要如何使用，必须从大量的例句中考证：

例11：我不想见到你。

あなたの顔なんか見たくないわ。（√）

あなたの顔なんて見たくないわ。（√）

例12：这么重要的考试竟然迟到，你到底在想什么。

こんな重要な試験にも遅刻するなんて、何を考えてるんですか。(√)

こんな重要な試験にも遅刻するなんか、何を考えてるんですか。(√)

例13：我喜欢看侦探小说之类的东西。

私は、推理小説なんかが好きです。(√)

私は、推理小説なんてが好きです。(×)

例14：从未见过叫铃木的人。

鈴木なんて人に会ったことがない。(√)

鈴木なんか人に会ったことがない。(×)

「つつ」比「ながら」少一拍，所以说起来比较容易上口，写起来比较容易上手。当表达"一边……一边……"或者"虽然……但是……"的时候，或许有的日语学习者更喜欢用「つつ」，但从语法上讲，「つつ」的实用度不及「ながら」。二者意思上大体一样，可以互相替代，但是「つつ」的限制远远多于「ながら」。

例15：虽然知道不好，可还是照抄了朋友的作业直接交了上去。

悪いと知りながら、友達の宿題の答を書いてそのまま出してまった。(√)

悪いと知りのの、友達の宿題の答を書いてそのまま出してまった。(√)

例16：一郎虽然是个孩子，可象棋水平非常高，甚至连大人都赢不了他。

一郎は子供ながら、将棋では大人も勝てないほど強い。(√)

一郎は子供のの、将棋では大人も勝てないほど強い。(×)

例17：虽然年纪轻轻，可非常沉稳。

若いながら、しっかりしている。(√)

若いのの、しっかりしている。(×)

「のの」前只能接动词的「ます形」，不能和形容词、形容动词与名词连接。翻译时要考虑这些要素。

日语中存在许多助词，它们之间相互关联，用不同的助词可以表达微妙但关键的意义差别。在翻译中，正确地使用助词至关重要，因为即使是一个助词的错误也可能会导致整个句子或段落的意思被误解。许多日语句型的含义非常相似，所以在特定情况下可以相互替换使用。这些词汇之间具有微小但重要的差别，如果翻译者不小心使用可能会产生误译情况。

例18：因为喜欢这件衣服，所以舍不得扔掉。

この服には愛着があるので、捨てにくい。（√）

この服には愛着があるので、捨てがたい。（√）

「にくい」和「がたい」都是作为后缀跟在动词连用形后，可以翻译成"很难……"通常二者可以互换使用。但是它们的使用范围不同，「がたい」主要用于人的心理层面，含有"即使想做也做不到"的意思。「にくい」则表示"虽然不容易，但是通过努力是能做到的"。

例19：如果这次洽谈破裂，两家公司关系恶化的情况是很难避免的了。

もしこの交渉が決裂すれば、両社の関係悪化は、もはや避けがたい。（√）

もしこの交渉が決裂すれば、両社の関係悪化は、もはや避けにくい。（×）

另外，「にくい」还表示所叙述的对象本身具有"不容易"的特质，「がたい」就没有这层意思。

例20：这楼梯很难爬。

これはすごく登りにくい階段なのだ。（√）

これはすごく登りにたい階段なのだ。（×）

「わりには」和「にしては」虽然在接续方法上有差别，但都表示转折。在考虑一般常识和标准的前提下，我们发现实际情况与词汇表达存在一定的差异和对比。通常情况下，这两个词汇可以互换运用，两者都可用于表达主观感情或客观事物的特征。

例21：作为一个非专业人员，算是相当有实力了。

アマチュアにしては、なかなかの実力だ。（√）

アマチュアのわりには、なかなかの実力だ。（√）

需要特别留意的是，这两种用法都受到了一定的限制。（1）「にしては」只能在同一主语句中使用，而「わりには」则没有这个限制；（2）除非在一些可以用数量来表示程度的名词及形容词后，否则只能用「わりには」，不能用「にしては」。

例22：虽然父母拼命劳作，可孩子却在轻松地玩。

親が苦労しているわりには、子供は気楽に遊んでいる。（√）

親が苦労しているにしては、子供は気楽に遊んでいる。（×）

例23：和年龄相比，她看上去很年轻。

彼女は年齢のわりには、若く見える。(√)

彼女は年齢にしては、若く見える。(×)

和四十岁的年龄相比，她看上去很年轻。

四十歳にしては、若く見える。(√)

例24：尽管工资低，可工作相当累。

給料が安いわりには、仕事がきつい。(√)

給料が安いにしては、仕事がきつい。(×)

月工资才20万日元，可工作相当累。

給料が月20万円にしては、仕事がきつい。(√)

例23和例24中，若想用「にしては」来表达，只要将表示程度的名词或形容词换成确切的内容就二者皆可用了。

由于篇幅所限，本节仅就助词和句型的误用和误译进行有限的探讨。在日语中，常常会出现一种句型，它能够表达多种意思。在记忆的过程中，人们会习惯性地选择那些经常出现的句型。因此，当两个意义相同的句型同时出现时，选择哪个就显得更加关键了。记忆句型的最佳方式在于背诵那些具有代表性的句子，这是一种高效的方法。如果不知道怎么背单词或者是理解不好的时候，可以先把句型背下来再去学习。当掌握了句型、助词等语法结构的运用，翻译者在翻译时将不再为这些近义的表达所困扰。另外还有一些特殊句式需要注意理解和把握。因此，在日常生活中不断积累经验是至关重要的。

归纳而言，在日语语法中，导致翻译错误的因素，包括助词误用；敬语表达错误；副词误用；形式名词误用；动词、形容词、形容动词的活用错误；接续关系错误；授受关系错误以及时、体、态的误用；等等。本节特别关注语法层面的误译，从多个角度进行了深入分析。

首先，针对中国人的中式日语，由于母语的影响，中国翻译人员的思维定式可能会导致日语翻译的不规范，从而使日本人感到不适，有时还会因为理解上的差异而引发一些笑话。其次，从敬语的角度来看，翻译者需要单独记忆遇到的敬语，然而由于缺乏规律可循，只能通过死记硬背的方式来掌握敬语技巧。最后，对于某些常用词汇，如"我的""他的"，由于缺乏相关知识或用法不准确，造成译文出现很多歧义或者错义。对于那些至关重要的助词和句型，翻译者可以通过例句进行深入分析，但考虑由于助词的位置不同，其所表达的意义也会有所不同，所以在学习和使用时必须有一个整体意识，不能顾此失彼，这样才能做到准确传达原文意思，同时还要考虑听者的接受能力。在翻译过程中，翻译者必须全神贯注，对每一个微小的细节都要特别留意，以确保翻译的质量和准确性。

参考文献

[1] 岳佳华. 新媒体时代汉语对日语语言文化的影响研究 [J]. 文化创新比较研究，2023，7（14）：45-49.

[2] 王佳颖，何明清. 日本语言文化推广策略及其对国际中文教育发展的启示 [J]. 文化创新比较研究，2023，7（11）：176-180.

[3] 张梅. 跨文化教育背景下高校日语教学策略研究 [J]. 现代职业教育，2023（07）：114-117.

[4] 周燕. 日语翻译中的语言文化差异问题及解决对策研究 [J]. 文化创新比较研究，2022，6（22）：38-41.

[5] 王中盼. 中日文化差异视角下日语翻译研究 [J]. 文化创新比较研究，2022，6（06）：47-50.

[6] 王秋思. 跨文化视角下日语语言文学中的语言艺术解析 [J]. 文化学刊，2022（02）：56-59.

[7] 李冰清. 高校日语教学中的文化导入 [J]. 现代职业教育，2022（06）：85-87.

[8] 祁春花. 浅析日语翻译中的语言文化差异 [J]. 现代交际，2021（17）：102-104.

[9] 马凤还. 日语二外教学中文化自信培育路径探索 [J]. 现代交际，2021（15）：58-60.

[10] 李雪婕. 日语语言学习中结合汉语文化的研究 [J]. 大众文艺，2021（12）：113-114.

[11] 方芝佩. 教材观视域下的日语翻译教材研究 [D]. 上海：华东师范大学，2022.

[12] 吴淑招. 关于日语翻译质量管理标准的研究 [D]. 福州：福建师范大学，2016.

[13] 田甜. 科技文献日汉翻译实践报告 [D]. 太原：山西大学，2016.

[14] 王丽媛. 浅谈科技日语翻译 [D]. 太原：山西大学，2015.

[15] 李丹. 中日翻译中的语言文化差异与信息再现 [D]. 哈尔滨：哈尔滨理工大学，2015.

[16] 郝树敏. 日语谚语的表意特点及文化 [D]. 青岛：中国海洋大学，2011.

[17] 乔红伟. 中日语言文化差异与对外汉语教学 [D]. 哈尔滨：黑龙江大学，2010.

[18] 徐琴. 从文化语言学角度研究日语数词 [D]. 南京：南京农业大学，2008.

[19] 闫志章. 日语外来语及其社会文化背景 [D]. 济南：山东师范大学，2007.

[20] 吴芳玲. 从汉日语言对比看汉语的外向型文化传统 [D]. 福州：福建师范大学，2005.

[21] 林范武，温晓亮. 日本语言文学与文化研究 [M]. 北京：新华出版社，2015.

[22] 关春园，徐宏亮. 多元化视角下的日语研究 [M]. 北京：新华出版社，2015.

[23] 黄成湘，李兴红. 外语教学与文化研究 [M]. 浙江：浙江工商大学出版社，2015.

[24] 潘娜，石光，于泳. 日语语言文化研究 [M]. 北京：新华出版社，2014.

[25] 刘婷. 日语翻译与语言文化 [M]. 北京：中国纺织出版社，2019.

[26] 宋丽丽，张丽晶，曹建平. 日语翻译与语言文化 [M]. 北京：中国农业出版社，2022.

[27] 王迈. 语言形式化原理 [M]. 上海：上海大学出版社，2016.

[28] 侯越. 中日跨文化交际研究 [M]. 北京：中国传媒大学出版社，2016.

[29] 魏映双. 科技日语翻译与写作 [M]. 北京：对外经济贸易大学出版社，2014.

[30] 朱秀丽. 日语授受动词句翻译研究 [M]. 上海：上海交通大学出版社，2021.